中國教育公平的測度
：基於多維視角

吳振華 著

前　言

教育公平是教育事業發展的核心問題,也日益成為教育理論研究和實踐領域的熱點,改革開放以來,中國教育規模不斷擴張,居民受教育水準不斷提高。那麼,教育公平狀況如何?發生了怎樣的變化?本書通過構建多維度的教育公平的測度方法,從城鄉、性別、地區及階層的視角測度中國居民的教育公平,以正確評估中國居民的教育公平狀況,為促進中國教育公平提供有益的參考。

一、主要研究内容

為完成擬定的研究目標,本書的研究內容集中在以下幾個方面:

1. 教育公平評價指標體系及評價方法體系的構建。從教育機會公平、公共教育資源配置公平、教育質量公平、教育成就公平四個方面構建教育公平的評價體系。從標準差、變異系數、泰爾指數、阿特金森指數、基尼系數等方面構建教育公平評價方法體系。

2. 城鄉教育公平的測度。基於 CGSS 歷年數據,從性別、地區、民族、階層及年齡的維度綜合評估城鄉教育差距的情況及變化趨勢,以理清城鎮及農村內部以及城鄉間的教育公平狀況及其發展趨勢。

3. 性別教育公平的測度。基於 CGSS 歷年數據,從城鄉、地區、民族、階層及年齡的維度綜合評估性別教育差距的情況及變化趨勢,以理清性別

內部及性別的教育公平狀況及其發展趨勢。

4. 地區教育公平的測度。基於CGSS歷年數據,從城鄉、性別、民族、階層及年齡的維度綜合評估地區教育差距的情況及變化趨勢,以理清各地區內部及各地區的教育公平狀況及其發展趨勢。

5. 階層教育公平的測度。基於CGSS歷年數據,從城鄉、性別、民族、地區及年齡的維度綜合評估階層教育差距的情況及變化趨勢,以理清各階層內部及各階層的教育公平狀況及其發展趨勢。

二、研究結論

隨著中國教育規模不斷擴張,居民受教育水準不斷提高,但教育不公平問題日益凸顯。隨著政府對教育公平的關注程度的提高以及實施一系列促進教育公平的措施,中國教育公平的總體水準保持在一定合理範圍內,教育不公平的問題得到一定的控制,但是教育不公平問題仍存在結構性的差異,在不同的群體及內部有不同的發展特徵,具體如下:

1. 城鄉教育不公平對總體教育不公平的貢獻儘管比重下降但仍處於較高水準,說明城鄉教育不公平程度較高,且在東部地區、漢族群體及上層群體間表現尤為突出。同時農村內部教育不公平問題較城鎮更為突出,這一特徵在西部地區、少數民族群體內部及下層群體內部尤為顯著,而且在少數民族地區農村內部教育不公平高於城鎮的特徵進一步強化的趨勢尤為明顯。因此,政府應加大對城鄉的西部地區、少數民族群體內部及下層群體內部農村內部教育不公平問題的關注力度,從教育資源的供給和配置雙重視角促進城鄉教育公平。

2. 性別教育不公平的貢獻不僅處於較高水準,而且還在提升,說明性別教育不公平程度不僅較高,而且還在呈惡化狀態,且在西部地區、少數民族群體及下層群體間表現尤為突出。同時女性內部教育不公平問題較男性更為突出,這一特徵在農村地區尤為顯著,而且西部地區及少數民族地區女性內部教育不公平高於男性的特徵進一步強化的趨勢尤為明顯。因此,政府應加大對女性教育不公平問題的關注力度,從教育資源的供給和配置雙重視角促進教育的性別平等。

3. 地區教育不公平的貢獻不僅處於較高水準且其比重繼續上升,說明

地區教育不公平水準較高，且在城鎮地區、漢族群體及下層群體間表現尤為突出。同時東部地區內部教育不公平問題較中部及西部更為突出，這一特徵在上層群體內部及80後和90後群體尤為顯著，因此，政府應加大對不同地區各階層及各年齡層群體地區內部教育不公平問題的關注力度，從教育資源的供給和配置雙重視角促進地區教育公平。

4. 階層教育不公平的貢獻不僅處於較高水準且其比重繼續上升，說明階層教育不公平程度較高，且在農村地區、少數民族地區表現尤為突出。同時中層群體內部教育不公平問題較上層和下層群體更為突出，因此，政府應加大對不同階層各民族群體、各性別群體及各年齡層群體階層內部教育不公平問題的關注力度，從教育資源的供給和配置雙重視角促進階層教育公平。

三、創新點

1. 研究視角的創新：從城鄉、地區、民族、階層、性別及年齡等多維度的視角綜合評估中國教育公平的情況及變化趨勢，為全方位評估中國教育公平的狀況提供了新的視角。

2. 研究內容的創新：構建了以城鄉、地區、民族、階層、性別及年齡多維視角研究教育公平問題的內容體系，為正確把握中國教育公平問題提供了理論基礎。

目 錄

第一章 導論 / 1
　　第一節 研究的背景 / 1
　　第二節 研究的理論基礎 / 5
　　第三節 研究的範圍：教育公平內涵的界定 / 21

第二章 居民教育公平的測度方法 / 29
　　第一節 教育公平的指標體系 / 29
　　第二節 教育公平的測度方法 / 36

第三章 農村居民教育公平的測度 / 43
　　第一節 農村居民教育公平測度及分解方法 / 45
　　第二節 農村居民教育省內及省際公平的測度、演變及特徵 / 47
　　第三節 農村居民教育省際公平的分解 / 51
　　第四節 結論與政策含義 / 60

第四章 城鎮居民教育公平的測度 / 63
　　第一節 城鎮居民教育公平測度及分解方法 / 64
　　第二節 城鎮居民教育省內及省際公平的測度、演變及特徵 / 66
　　第三節 城鎮居民教育省際公平的分解 / 70

第四節　結論與政策含義 / 78

第五章　城鄉居民教育公平的測度 / 81
　　　第一節　城鄉教育公平測度方法及樣本數據 / 82
　　　第二節　城鄉教育公平的測度與比較 / 86
　　　第三節　結論與政策啟示 / 101

第六章　性別教育公平的測度 / 105
　　　第一節　性別教育公平測度方法及樣本數據 / 107
　　　第二節　性別教育公平的測度與比較 / 109
　　　第三節　結論與政策啟示 / 125

第七章　地區教育公平的測度 / 128
　　　第一節　地區教育公平測度方法及樣本數據 / 129
　　　第二節　地區教育公平的測度與比較 / 134
　　　第三節　結論與政策啟示 / 149

第八章　階層教育公平的測度 / 152
　　　第一節　階層教育公平測度方法及樣本數據 / 154
　　　第二節　階層教育公平的測度與比較 / 158
　　　第三節　結論與政策啟示 / 174

參考文獻 / 177

後記 / 186

第一章　導論

　　所有的社會基本善——自由和機會、收入和財富及自尊的基礎都應被平等地分配，除非對一些或所有社會基本善的一種不平等分配有利於最不利者。

——約翰·羅爾斯（John Rawls）[①]

第一節　研究的背景

一、教育公平是社會公平的基礎

　　教育公平是社會公平的一個子系統，它不僅是社會公平的重要組成部分，也是經濟公平、政治公平的前提和基礎。黨的十七大報告指出，教育是民族振興的基石，教育公平是社會公平的重要基礎，要大力推進教育公平。

　　教育公平是經濟公平的前提和基礎。教育是經濟發展和社會進步的推動力，不僅能提高勞動能力，而且能實現科學技術的再生產，為實現經濟公平奠定堅實的基礎。一方面，教育公平通過改善低收入人群的教育狀況，全面提升勞動質量，促進就業公平，實現經濟公平；另一方面，教育

---

① 約翰·羅爾斯. 正義論 [M]. 何懷宏, 譯. 北京：中國社會科學出版社, 2001：303.

公平通過提高受教育者的素質和能力直接影響其收入能力，從而縮小收入差距，實現經濟公平。庫茲涅茨（S. S. Kuznets）的研究表明，勞動力受教育程度的提高將在長期內有助於收入分配的均等化；舒爾茨（T. W. Schultz）的研究表明，隨著教育的發展及其分佈的平等化，人們的收入也將趨於平等；貝克爾和契斯威克（G. S. Becker、B. R. Cheswick）的研究表明，美國各地區的收入不平等與平均受教育程度負相關；丁伯根（J. Tinbergen）利用美國、加拿大及荷蘭的數據所做的研究表明，平均受教育程度增加有助於改善收入分配狀況；溫內格德（C. R. Winegarden）利用32個國家數據所做的研究表明，平均受教育程度越高，收入分配越趨於平等；帕克（Kang. H. Park）利用59個國家的數據所做的研究也得出類似結論；王小魯與樊綱、楊俊與李雪松等學者利用中國的數據考察教育公平與收入分配關係的研究表明，教育的公平擴展在長期內有助於收入分配平等化。而且教育對收入分配的影響有別於政府的收入再分配政策，政府的個人所得稅制度、社保制度以及轉移支付制度等再分配政策只能保障低收入群體的生存權，不能改變他們的命運，而教育公平更多側重於保障低收入群體的發展權，讓他們有更多平等的機會參與市場的初次分配從而改變自己的命運。因此，從經濟意義上看，教育公平是調節收入分配差距、促進就業和社會經濟公平的有力政策工具。

　　教育公平也是政治公平的前提和基礎。教育公平有助於促進公民整體平等、民主精神的獲得以及對政治的有序參與。一方面，教育公平有助於促進社會各階層的正常流動。在經濟和社會地位存在較大差距的情況下，社會各階層的正常流動，特別是向上流動存在較大障礙，社會底層群體缺乏向上流動的機會，社會各階層難以實現正常的流動，從而導致社會各階層政治上的兩極分化。而公平的教育能提供平等的發展機會，促進各階層自我發展能力的提升，滿足人們社會尊重和自我實現的更高層次的多種需求，從而能夠有效改變社會底層群體的命運，減弱代際傳遞效應，促進社會各階層的正常流動。另一方面，教育公平可以緩解政治體系與社會體系的壓力，維護社會的穩定。教育公平觀念一旦深入民心，民眾會充分尊重社會價值和政治體系價值，在肯定自我價值的同時，具備平等參與社會公

共事務的能力以及形成政治體系所需要的社會政治秩序意識。教育能夠培育民眾平等、民主的精神，促進政治文明建設，為政治民主、政治公平奠定思想基礎。因此從政治意義上來看，教育公平也是實現現代政治民主化的重要條件。

教育公平是人全面發展和社會公平的客觀要求。教育公平既是社會公平在教育領域的體現，也是實現社會公平的基本途徑之一，教育公平是社會公平的起點和基礎，經濟合作與發展組織（OECD）所做的一項國際性的學生學業成績比較研究表明，一些國家和地區的教育系統可以有效縮小社會不公對學生學業表現的影響，從而有效促進社會公平。[1] 美國現代社會學的奠基人帕森斯（T. Parsons）詳細論述了教育對於社會公平的作用，認為現代社會的發展包含了三次革命性的結構變遷：工業革命、民主革命和教育革命，這三次革命帶來了人類社會飛越性的變化，使個人和社會從一些局限性限制中解放出來，創造了很多前所未有的機會。而教育革命的特殊性在於，它對社會分層和社會公平產生質的影響，通過教育而非身分地位所獲得的必要文化知識對職業分化和社會分層產生影響。職業分化使得上層階級與下層階級之間不再有明晰的分界，職業的多元化使得社會分成兩大或幾大階級的現象成為歷史，各社會階層之間的界限越發模糊。因此要達到社會公平的目標，必須實踐教育公平。

二、教育公平是和諧社會實現的重要途徑

教育公平屬於社會公平的範疇，教育公平的實現一方面直接關係到社會公平的實現，另一方面也關係到社會主義和諧社會的建設，必須通過教育公平的實現來促使社會公平的實現和加快社會主義和諧社會的構建。

教育公平是和諧社會的重要內容。社會主義和諧社會是一個公平正義、民主法制、誠信友愛、充滿活力、安定有序、人與自然和諧相處的社會，包含教育公平在內的社會公平是和諧社會首要的、內在的、基本的內容和核心價值理念。努力促進人的全面和自由發展是社會主義社會的本質

---

[1] 褚宏啓. 關於教育公平的幾個基本問題 [J]. 中國教育學刊，2006（12）.

要求，人的全面發展也為和諧社會的構建提供了條件。教育的目標正是培育人的自我生存和發展能力，為人的全面和自由發展奠定基礎，促進人與社會的和諧，而人的全面發展以教育公平為基礎，只有教育的公平，才能最大限度地做到每個人的全面發展。當前，知識與經濟的融合已成為必然趨勢，文化的推動力對經濟增長的作用越來越突顯，經濟效益中的科學技術附加值占比越來越高，經濟發展中文化產業逐漸成為新的經濟增長點，經濟競爭中文化資本的作用也越來越重要。因此，要使中國經濟快速發展，關鍵是通過公平的教育使更多人更高層次地參與經濟建設活動，同時人際關係的和諧、民族凝聚力的增強也需要重視加強人的思想道德教育、重視加強人的理想信念教育，以公平的教育促進個人心理的和諧，由個人的和諧構成社區的和諧，最終構成整個社會的和諧。

　　教育公平是和諧社會的重要基礎。和諧社會的建設是以包含教育公平在內的社會公平為重要基礎和重要前提的，公平的教育是一種潛在的生產力，是構建和諧社會的基礎，教育能提高勞動人口的素質，把可能的生產力轉化為現實的生產力，從而促進經濟的發展。教育公平的缺失將會動搖政治公平和文化公平，從而影響社會公平，導致和諧社會無法建成、無法持久。因此要建成和諧社會，教育公平的基礎性、先導性、全局性的地位和作用不可忽視。

　　教育公平是構建和諧社會的重要途徑。首先，從教育的功能來看，教育可以促進人的智力、心理和道德的發展，而教育公平可以促進社會各階層公平合理地流動，從而縮小貧富差距，促進社會平等和社會和諧；其次，教育公平能使各群體獲得社會生存和參與社會發展的能力，是改變國家命運、家庭命運和個人命運的根本之道，低收入群體通過教育公平與補償政策獲得了更多的受教育機會，才有更多積極參與市場競爭的信心和能力，才能憑藉自身的能力創造更多的社會財富，使自己分享到更多經濟增長的成果，才真正有利於有效改變落後地區和個體的社會經濟地位。有了教育機會的均等、教育過程的公平及教育質量的公平，社會弱勢群體才有可能通過知識改變命運，社會各階層才能有正常流動和分化的可能性。只有具備正常的階層流動，社會各階層、各群體之間才能實現互利互惠，全

社會才能充滿活力和安定有序。教育公平在社會各階層合理流動和穩定社會秩序方面都具有重要的作用，因此是構建和諧社會的重要途徑。

三、教育公平是教育發展的基本原則

教育不僅具有人力資源開發，推動經濟增長、科技進步等功利價值，還有更為重要的功能。教育家杜威認為教育的主要功能表現為三個方面：一是人的社會化，即社會整合功能；二是促進社會平等化，即通過免費的公立教育改善處於不利地位人群的狀態的職能；三是促進人的身心發展、自我完善的功能。[1] 在經濟、社會地位等客觀方面存在巨大不平等的情況下，教育為人們提供公平競爭、向上流動的機會，幫助弱勢者擺脫來自出身所在群體的局限，能夠顯著地改善人的生存狀態，減少社會性的不公平。因此，現代社會教育既是經濟發展的「加速器」、科技進步的「孵化器」，同時，由於它在社會流動、社會分層中所具有的「篩選器」作用，又被視為社會發展的「穩定器」和「平衡器」。被譽為美國「公立學校之父」的賀拉斯·曼認為，教育是實現人類平等的偉大工具，它的作用比任何其他人類的發明都偉大得多。[2]

由此可見，教育不僅具有促進社會平等的社會功能，而且具有推動社會經濟發展的經濟功能。教育公平不僅是一種美好的社會理想，而且是現代教育發展的基本原則。

第二節　研究的理論基礎

一、教育公平的思想溯源

公平是一個歷史概念，要構建具有現代意義的教育公平理論，就必須

---

[1] 鮑爾斯，金蒂斯. 美國：經濟生活與教育改革［M］. 上海：上海教育出版社，1990：28.
[2] 布魯貝克. 高等教育哲學［M］. 杭州：浙江教育出版社，1987：66.

追溯教育公平思想的淵源及其發展歷程，通過梳理教育公平思想的發展歷程來挖掘教育公平的內含。

(一) 中國傳統教育公平思想

每一種教育模式的背後都蘊含著一種與本民族文化相對應的教育理念，中國古代教育學家孔子在其教學中就秉持著教育公平的思想，提出了「有教無類」「因材施教」「各言爾志」等教育公平觀，具體如下：

1.「有教無類」的教育機會均等觀念

在封建社會，貴族及平民受教育的權力和機會不均等的背景下，孔子提出「有教無類」的主張。他認為不應受種族、出身等限制，人人都有接受教育的權利和機會，提倡「有教無類」，衝破「禮不下庶人」的等級制度，招收了大量的平民子女上學，使他們可以獲得接受教育的機會，為其改變命運提供條件。打破了歷史上「學在官府」的局面，推動了「學移民間」，使更多的人可以接受教育，推動了整個社會公平機制的構建，開創了公平教育理念的先河。墨子、顏元、王守仁以及近代的蔡元培、陶行知都在不同層次上推行了「有教無類」的思想，使之成為中國傳統教育理念中一脈相承的理論瑰寶。

2.「因材施教」的個性化教育觀

孔子擅長根據每個學生的不同情況，如資質、性格、能力、心理特點、興趣、思維狀況等，進行有針對性的教育。孔子經常分析每個學生的不同特點，他認為「由也果」「賜也達」「求也藝」「柴也愚」「參也魯」「師也闢」，針對不同特徵的學生提不同的問題，並作出不同的解釋。孔子所實踐的「因材施教」的教育原則使教育公正和公平進一步深化，體現了一種接受教育過程的公平。他的「因材施教」教育思想被後世思想家所發展。墨子提出「學必量力」，注重在施教時考慮學生的力所能及。韓愈把有才能的人比作千里馬，指出飼養千里馬不能用飼養普通馬的方法。宋代的胡瑗更進一步創立了主副分科的嶄新的教學制度——「分齋教學」。張載、朱熹、顏元、魏源乃至近代的康有為、梁啟超等都從不同的角度闡釋和實踐了孔子的「因材施教」的原則，強調了對學生的差別教育。

3.「各言爾志」的教育民主平等觀

孔子重視師生之間的對話，讓學生們敞開心扉與老師對話。孔子的教學開創了師生關係平等又民主的先河，沒有專制和高壓的氣息，教學氛圍輕鬆和諧，可以更好地讓學生在對話中得到精神交流和知識分享的機會，這是一種教與學之間相互滲透、相互促進的良好教學模式。學生經過學習，教師經過教學實踐，師生雙方都認識到自己學識的不足，這樣更督促自己去努力學習，積極鑽研，擴大知識面，提高能力和水準。這種民主平等的教育思想為後世思想家樹立了良好的榜樣。韓愈提出的「弟子不必不如師，師不必賢於弟子」、魯迅的「師弟之道」、梁漱溟的「親師取友」、陶行知的「相學相師」等思想都是由此繼承而來。

(二) 馬克思的教育公平思想

馬克思在創立歷史唯物主義理論的過程中，詳細論述了教育公平觀，為進一步研究教育公平問題奠定了世界觀和方法論基礎。

馬克思認為，教育是一種勞務性或服務性的勞動，這種性質的勞動可以為社會提供特殊的使用價值，是具有一定的生產性的。但是，教育勞動對物質生產過程中勞動者的勞動能力的生產和科學知識形態生產力的發展，具有直接生產的性質。教育勞動的生產性，主要反應在教育能直接生產勞動者的勞動能力和生產技術的社會生產力。勞動者的教育或訓練費用是勞動力價值的組成部分。由教育所形成的工人的知識和技術、科學水準及其在工藝上的應用是提高勞動生產率的重要因素。

馬克思深刻揭示了資本主義教育的階級不公平的性質，指出資本家為了追逐利潤，把工人的教育水準降到最低程度，規定為只限於生產所必需的，力圖最大限度地減少工人的教育費用。但資本家及其子女卻能進入高等學府，享受最好的教育。其認為，教育公平問題主要表現為「教育的平等性」問題，教育是每個公民都應該擁有的一項平等權利，這種平等表現為每個人智力和能力發展的平等，即「人的自由發展和全面發展」。產生教育不公平的根本原因在於生產資料私有制。資產階級把沉重的勞動負擔強加到無產階級肩上，使無產階級從事科學活動的時間越來越少，無產階級只能得到一點職業教育，而資產階級由於擺脫了沉重的勞動，就有越來

越多的時間從事智力活動。要改變這種不合理的現狀，只有實行生產資料社會公有制。他們堅決捍衛工人階級的一項最重要的民主要求，即實行普及的和免費的國民教育。

雖然馬克思在批判中闡釋了其教育公平觀，關於教育公平問題並沒有進行專門、系統的論述，但是其思想對推動中國教育公平的實踐具有重要的理論指導意義。

（三）西方教育公平思想

從西方古代教育公平思想的發展來看，古希臘哲學家柏拉圖（Plato）在其著作《理想國》中提出初等義務教育的理念，首次具體描述了教育公平的含義：第一，公平的教育應使每個人特有的能力得到發展，為了使每個人都能通過教育獲得發展，必須提供相同的教育機會。這種機會不應受種族、地域、家庭背景、經濟狀況等外部因素的影響；第二，個人的能力應該以有益於整個國家的方式來發展，也就是說個人的發展不能以妨礙他人或社會的發展為代價。他認為人天生就存在著聰明才智的不平等，要求絕對的平等不僅是錯誤的，更是違反自然規律的。真正的公平應該是人盡其才，給予各種不同天賦資質的人以不同的且適合各自能力的教育與訓練，使其各得其所、各司其職。古希臘哲學家、教育家亞里士多德（Aristotle）在其著作《尼各馬可倫理學》中提出通過法律來保障公民接受教育的權利，並提出要「平等地對待平等的，不平等地對待不平等的」。其認為不管是分配利益還是分擔責任，都應該和接受者的功績或能力成比例。以相同的方式來對待彼此間有差異的人，並不符合公平的要求。其主張的是一種「形式平等」，即在某方面有相同地位的人，才在形式上給予相同的對待。

從西方近代教育公平思想的發展來看，英國政治思想家托馬斯·霍布斯（T. Hobbes）在其著作《利維坦》中提出人「自然平等」的觀點，認為人人生而平等。英國思想家、教育家約翰·洛克（J. Locke）在霍布斯的基礎上提出，平等、生命、財產、自由等權利是「天賦人權」。法國教育思想家讓·雅克·盧梭（J. J. Rousseau）在其著作《愛彌兒》中，提出「自然人」轉化為「社會人」就會產生分配不均、壓迫和不平等，因此要

實現在法律與政治權利面前人人平等,並提出「教育是實現社會公平的偉大工具」。同時,他提出了「自然教育」的思想,認為教育要按照兒童個性的發展來實施,要考慮兒童的年齡特徵和心理特徵,而不應依據階級、財產和職業的不同來進行教育。德國哲學家伊曼努爾·康德(I. Kant)提出不同於霍布斯和洛克「自然平等」以及盧梭「政治平等」的「道德平等」觀,認為從道德倫理、宗教理想和普通價值的立場來看,人在人性尊嚴上是平等的。

從西方當代教育公平思想的發展來看,美國哲學家約翰·羅爾斯(J. Rawls)在其著作《正義論》中提出「公平機會優先」的觀點,應對處於不利社會地位的群體在資源分配方面進行補償,認為每個人都應該獲得政治上平等受教育權力和平等受教育機會。美國哲學家羅納德·德沃金(R. Dworkin)同羅爾斯一樣都主張在公平的法律機制下,將多餘的資源分配給社會群體中較弱勢的人,但他認為社會資源的分配要做到公平,就必須讓努力者能夠得到補償,而減少對運氣或意外等非努力因素的依賴。美國教育家、哲學家莫提默·艾德勒(M. J. Adler)認為只有機會均等是不夠的,這樣勢必會產生結果的不平等,其主張採取「差異對待」的原則,即具有不同條件的人應當不同對待,反對片面追求結果平等而不加限制的極端平均主義。美國經濟學家阿馬蒂亞·森(A. Sen)提出「能力公平」觀,認為每個人應該按照其某方面公認的能力水準受到相應的對待,從而獲得追求不同生活方式的實質自由的能力平等。

二、教育公平的理論流派

(一) 功能主義教育公平理論

功能主義教育公平理論即結構功能主義教育公平理論。該理論起源於19世紀英國社會理論家赫伯特·斯賓塞(H. Spencer)。他認為,社會就像一個生物有機體,其每一個「器官」都對社會的生存和維持發揮著正面的作用。社會和社會中的機構,如教育是由相互依存的不同部分所構成,它們對整個社會的運作都有其必要的功能,正如心臟和大腦是人生存的必需器官一樣,教育系統也是社會存在的必需品。法國社會學家埃米爾·迪爾

凱姆（E. Durkheim）從社會及其機構之間相互依賴關係的角度，提出教育在不同時代、不同地方呈現的形式各不相同。教育的主要功能不是發展個人的能力和潛能，而是發展社會所需的能力。教育的一般功能是激發兒童具有一些其所隸屬的社會團體認為所有團體內成員都應該具有的肉體或心靈狀態，使個體社會化和人性化。美國社會學家塔爾科特·帕森斯（T. Parsons）賦予教育兩種基本功能，即社會化和選擇。學生在入學之初都受到公平對待，隨後他們被以分數為標準的法則逐漸區分為高成就者和低成就者。在社會的每一個範疇內，他們又被以學術成就和社會成就為標準的法則進一步加以區分。這種分化的過程實質上就是一種社會化的過程。塔爾科特認為一個人所獲得的職業是由教育資格決定的，因此他主張通過擴大教育機會均等來促進社會平等，但由於受個人能力、家庭導向、個人動機等因素的影響，教育機會均等不可避免地會帶來教育成就上的差別，即學校是一種機會均等的競爭場所，學生在學業上的差異產生了差異性教育資格所構成的自致性地位，在向社會置換角色的過程中受到教育成就的影響，並構成未來社會地位的分配標準，即教育產生新形式的不平等。教育的社會化功能便是通過主張「由於教育成就上的差異而造成的不平等是合理」的觀點，使新形式的不平等合理合法化。

　　結構功能主義者認為，社會是具有一定結構的系統，社會的各組成部分以有序的方式相互關聯，並對社會整體發展發揮著必要的功能。社會本身存在一個依據智力、認知、個人勤奮程度而不同的階層體系，精英位置對所有人開放。社會分層是與社會流動連在一起的，其功能就是為社會流動提供內在的激勵，作為一種有效的機制，一個社會必須用某種方法（無論是競爭性的還是非競爭性的）把社會成員分配到不同的社會位置中去，並且誘使他們去承擔該位置的責任。社會中存在一套穩定的職位、功能或價值等級，這種「位階系統」是社會必備的功能。教育承載著將不同的人分配到不同位階的職位上去的社會功能，將個人和職業連接起來並因此產生對有價資源不平等控制的過程。只有通過機會均等的學校和教育，才能確定最有才能和最有進取心的人。教育是篩選精英並將其輸送到上層階層的唯一正當途徑，任何人除受教育獲得智識之外，不得依身分與財產而依

附於某一特定階層，把機會均等作為一種在追求經濟繁榮和政治統治中釋放人們精力的手段。

結構功能主義認為教育作為維護社會秩序的「魔方」，極大地鞏固了政府在公共教育體制構建與政策制定方面的權力後盾，最終產生「技術—功能論」的教育公平觀。由於工業化社會中技術的變革和進步，工作的技術要求不斷提高，公共教育為個人的專業技能形成和能力提高提供訓練；就業所需的教育條件在不斷提高，越來越多的人將在學校中接受年限越來越長的教育。教育公平是一種技術過程，可以通過技術手段（如教育機會的擴展和教育功效的提升）有效推進。這種「技術—功能論」要求學校教育滿足由於現代職業結構的變化而帶來的對各種特殊技能的需求，並依據個人在各種技術學習上的成績表現，將他們分配到教育的不同層次和軌道，並最終將他們分配到社會職業結構的不同階梯和部門，但保證這種邏輯的有效性前提是教育機會均等。機會均等體現了教育條件的一致性，即政府有責任與義務為人人提供相似的、無差別的公共教育服務。

(二) 衝突教育公平理論

第二次世界大戰後，支配者與被支配者之間的衝突現象普遍增加，社會動亂，種族鬥爭激烈，社會不平等日益惡化，學校教育不但沒有促進社會的整合，反而導致了嚴重的社會問題。功能主義學派因此陷入困境，衝突學派在此時興起。衝突論者對結構功能主義進行了有力的批判，認為教育並沒有促進經濟的增長和社會的平等，而只是起到了再生產資本主義社會、經濟和文化結構的作用。20世紀70年代初期，衝突理論學派內部開始分化，形成了兩個分支學派，即以塞繆爾·鮑爾斯（S. Bowles）、赫伯特·金蒂斯（H. Gintis）為代表的探討教育階層化的新韋伯主義和以蘭德爾·柯林斯（R. Collins）為代表的側重分析批判資本主義教育制度的新馬克思主義。

德國社會學家馬克斯·韋伯（M. Weber）創立了社會分層理論，提出將財富、權力、地位作為劃分社會階層的三要素。柯林斯受到韋伯的影響，在分析教育階層化時，企圖將涂爾干的結構功能主義、馬克思的階級鬥爭學說融入有關社會分層的理論體系之中，以構成「新韋伯主義衝突

論」來闡釋教育與職業地位的關係。柯林斯認為，社會是不同利益集團為獲取財富、權力、聲望而互相衝突的舞臺，教育則是各集團實現自己利益的重要工具，它的職能與集團的利益有著直接的關係，因而學校教育在本質上被不同身分的集團制約。這種制約一方面表現在對受教育對象的選擇上，另一方面表現在學校所傳授的與特定身分集團相配合的身分文化上。結構功能主義者用「技術功能論」來解釋工業社會進步帶來的一個必然結果就是需用大量專門人才，而教育特別是高學歷教育便是造就專門人才的場所。柯林斯則認為，高學歷者未必具有高生產能力，有時還會出現生產能力偏低的情況。他還認為對經濟發展有利的專門技術也並非得之於學校，而是由企業的在職培訓機構造就。他提出現代社會充滿著不同利益集團間的爭鬥，即使在同一集團內具有不同身分地位的成員間也存在權力紛爭，由於一定的利益集團總與一定的職業地位相關聯，通過教育選擇自己集團所需要的人員進入職業圈，便是各集團維護自己權力的表現。同時所謂的高學歷，並非代表其職業所需的專門技術水準一定高，而是各集團希望招納的人員是可敬的或已高度社會化的成員，即接受身分文化與該集團相匹配的人，從而使集團持續保持其精英地位的性質。由此說明，選擇高學歷表面上是教育資格的追求，實質上成了文化控制的一種手段，教育無疑成為各利益集團爭取經濟利益、維護統治優勢的重要工具。

　　塞繆爾・鮑爾斯（S. Bowles）和赫伯特・金蒂斯（H. Gintis）在其著作中將「新馬克思主義衝突論」引入教育社會學的研究中，在歐美學術界引起了極大的反響。他們對資產階級再生產進行研究，分析了美國不同社會集團的利益衝突，闡明了統治者集團如何運用學校再生產資本主義生產關係，對資本主義教育制度進行瞭解析和批判。他們認為教育是社會的一個組成部分，它的存在和發展必然會受到社會基本經濟制度的影響，成為保持或完善社會和經濟制度的有效工具。因此，教育不可能成為促進更高程度的平等與社會正義的改革力量。學校是再生產社會生產關係的代理機構，而這些社會生產關係是資本主義制度得以運作的必需品，學校教育和家庭就像經濟生產一樣，一部分學生獲得了更多的促成成功的文化資本，而另一部分學生卻沒有獲得，這樣就產生了社會的階級結構。鮑爾斯和金

蒂斯還通過大量的統計分析發現，在美國當時的教育制度中，能力和智商並不是決定個人社會地位的主要因素。個人的社會地位雖然被學歷所決定，但學歷條件與家庭經濟、社會背景相對應，即所謂的智商、能力和學歷的劃分在很大程度上卻是以學生的階級屬性為依據，學校教育成為了階級再生產的工具。比如，美國的義務教育向任何人開放，但它提供教育以及培養目標卻是為資本主義經濟服務，它在不斷重複原有的不平等經濟結構和不平等社會分工，因此，學校教育在本質上就是一個不斷複製的過程。儘管統計顯示，不同群體的教育差距在縮小，但這並不能說明他們可以平等地分享社會財富。個體的某些特徵，如年齡、性別、種族和社會階級等，影響了教育的經濟價值，個體所處的地理區域和經濟結構特徵也影響了他們的工作機會以及他們所受教育的價值。鮑爾斯和金蒂斯還指出，為了改變不平等的學校教育體系，必須進行徹底的教育改革，只有通過把民主制度延伸到社會生產生活的各個角落，才能從根本上實現經濟結構和社會分配的民主化。

（三）文化再生產教育公平理論

絕對意義上的教育機會擴展，並未消除根植於社會不平等的相對意義上的教育機會不均等，更未能實現人們所期望的通過教育來消除社會不平等的奇跡。無論教育機會怎樣擴大，不同階層、不同性別、不同種族的人們，在入學機會和學業成功機會方面的差別仍很大，教育上的不平等引起就業、收入、生活水準等一系列的不平等，最終造成惡性循環。法國社會學家皮埃爾·布迪厄（P. Bourdieu）在其著作中，從知識文化和社會階級結構之間的關係的角度出發，分析了這種社會不平等長期維持和傳遞的根源。布迪厄通過對學校教育制度自身運轉機制的深入分析，得出不平等產生的根源在於階級社會中家庭文化背景的差異及學校教育中對待階級文化的不平等的結論。他認為，資本可以表現為三種不同的形態：經濟資本、文化資本和社會資本，其中，文化資本是指借助不同的教育形態得以傳承的階層文化。文化資本有三種形態：一是身體化的形態，體現在人們身心中根深蒂固的性情傾向中，如風度、儀表、言談舉止、愛好修養等；二是客體化的形態，體現在文化物品中，如書籍、繪畫、器具、藝術品等；三

是制度化的形態，體現在那些特定的制度安排上，如學術資格、學歷等。這些文化資本，尤其是身體化形態的文化資本和制度化形態的文化資本被父代向子代傳遞，這就是文化再生產機制。如果說經濟資本是區分貧富家庭的基本指標的話，那麼，文化資本則是不同階層的象徵。文化資本不僅在一代人身上發揮作用，它還有繼承性和再生產功能，階層之間的文化屏障總是通過文化資本來表達和再生產。布迪厄認為，學校所傳遞的文化是統治階級的文化，並非具有普遍意義的社會文化遺產，而且在教學過程中通過符合暴力過程的強制性途徑來傳遞。被支配階級的子女通常是教育活動中的失敗者，無法取得足夠的合法文化資本，這樣就產生了文化資本分配的不平等結構，造成教育不平等。教育系統的「再生產」功能是對現有社會結構的加強和再維護，而不是推動因天賦能力所引起的社會流動，學校只不過是借助一些表面的標準，如成績、智商或其他能力將學生分類，實際上是以社會階層出身為基礎將學生進行分層。

（四）文化相對主義和文化多元主義教育公平理論

梅爾維爾·赫斯科維茨（M. J. Herskovits）在其著作中，對文化相對主義進行了理論上的系統闡述，這標誌著文化相對主義的形成。文化相對主義強調文化的差異性，認為每一種文化都是一個不可重複的獨立自在的體系，每一個民族都具有表現於特殊價值體系中的特殊文化傳統；一切文化的價值都是相對的，不存在絕對的價值標準，各民族的文化價值都是平等的，各文化之間不可相互比較，更不能區分優劣。其認為教育不平等的根源在於學校中的文化歧視，建議通過課程改革，使來自工人階級或少數群體的學生可以從適合他們的課程中獲益。文化多元主義理論繼承了文化相對主義的思想，希望通過推進差異文化政治，推行各種社會政策和改革措施為少數群體爭取平等和解決社會不公平問題。文化多元主義代表、英國著名社會學家和教育家邁克爾·F·D·楊（M. F. D. Young）認為，社會中的不平等權力分佈導致了文化知識的不平等分佈，當權者決定了知識的價值與等級，決定了知識的選擇與組織，決定了不同群體接近不同知識的可能性，控制了教育傳遞知識的方式。學校課程的選擇與設置，實質上是教育知識分層化的過程，而這種教育知識的選擇符合某一特定時期統治

階級的價值和信仰。西方許多國家的研究者均發現,學校知識是產生社會不平等的關鍵因素。課程通過對知識的篩選,將知識作為一種主要的社會資源,促進形成各種社會利益,並影響著各種社會利益之間的社會平衡。這些研究結果表明,工人階級家庭和統治階級家庭的子女有著不同的學校教育結果,學校的教育過程就是教育知識的分配過程,構成學校課程設置的知識形態與特定的階級與集團利益緊密相連,不同階級的學生接受和掌握不同層次的知識。其認為教育不平等的根源在於家庭與學校之間的文化和教學差異,希望通過消除學校等級差別,解決社會不公平問題。

三、教育公平的多學科視角

教育公平問題是一個複雜的多學科交叉問題,僅從教育學視角研究,會忽視教育公平的複雜性。只有從不同的學科角度對教育公平問題進行研究和探討,才能獲得深入的理解和完整的認識。從目前的研究來看,主要有從倫理學、法學、社會學、經濟學和教育學五方面的視角對教育公平問題進行的研究和討論。

(一) 倫理學視角

從倫理學視角來看,公平常常被理解為公正和正義,在當代有關公平觀念的研究中,影響較大的是美國哈佛大學哲學教授約翰·羅爾斯 (J. Rawls) 提出的正義原則。1971 年,羅爾斯在《正義論》一書中提出了三條公平原則:一是平等自由原則,即每個人都具有同等的權利,在與所有人同樣的自由體系兼容的情況下,擁有最廣泛的平等的基本自由;二是平等機會原則,即在公平的平等機會的條件下,職位與工作向所有人開放;三是差異原則,即社會和經濟的安排應對社會中最弱勢的群體最為有利。其中第一個原則絕對優先於第二個原則,第二個原則優於第三個原則。羅爾斯的機會平等原則是實質性的,如保證每個人都享有同樣接受教育和訓練的機會。而他的差異原則也為經濟不平等設下了嚴格的限制,只有在對弱勢群體有利的情況下,某一個體才被允許運用其先天或後天的優勢獲取更大的利益。因此,羅爾斯的公正原則表現出一種強烈的平等主義精神。

羅爾斯所謂的「平等」,是指在個人稟賦差別基礎上的機會平等,是

同一類人之間的平等,不同的人不同方式對待,而不是教育上的平均主義。其認為沒有一定程度平等保障的公平不會是真正的公平,因此,其主張的教育是一定平等基礎上的教育。但在羅爾斯的觀念中也存在矛盾和衝突,例如,一方面主張人們政治自由權利的絕對平等,同時又默認社會經濟地位的不平等;另一方面,主張採用對先天弱勢群體最為有利的制度,這本身就是一種不平等。因此,羅爾斯所期望達到的事實上的平等,實質上是以不平等為前提,卻能在促進社會公平及教育公平方面發揮一定的作用。儘管羅爾斯的公平觀念存在一定的矛盾和缺陷,但在促進社會公平及教育公平方面發揮了較大的積極作用。聯合國教科文組織和主要發達國家都強調「弱勢補償」,以消除教育上的不平等。1990年通過的《世界全民教育宣言》明確提出了現實教育中婦女(包括女童)、殘疾人和社會地位低下人口(如窮人、童工、農村和邊遠地區人口、土著居民、失業人口等)的不平等和教育差距消除問題。中國「弱勢補償」的社會政策也由來已久。早在計劃經濟時期(1949—1922年),國家就對社會弱勢群體實行「統包統攬」的補償政策,如政府對殘疾人的生活、教育、康復、就業等實行特殊優惠政策,對貧困兒童實行社會救濟等。儘管這種體制由於效率低下難以長久實施,但在特定時期也起到了相當大的積極作用。如今,在市場經濟條件下,國家通過制定相應的政策法規協調社會力量對弱勢群體進行幫助和補償就顯得尤為重要。例如,《中華人民共和國義務教育法》以法律形式闡述了教育公平、教育均衡的理念,因此弱勢群體的受教育問題受到了前所未有的關注。「農村義務教育免費」「保障農民工子女接受義務教育」等政策也都是立足於差異原則進行的補償教育。羅爾斯的正義原則對我們認識和解決教育公平問題具有重大的理論和現實意義。

(二) 法學視角

從法學視角來看,教育公平是受教育權利的平等的體現。受教育權利是指由國家規定的、教育法律關係主體具有的接受教育的能力和資格。1791年,法國憲法最早把受教育作為權利寫進法律。第二次世界大戰以後,受教育權利作為一項基本人權,逐漸發展成為一項普遍的法律權利。1948年,聯合國大會通過的《世界人權宣言》第二十六條規定:「人人都

有受教育的權利，教育應當免費，至少在初級和基本階段應如此。初級教育應屬義務性質。技術和職業教育應普遍設立。高等教育應根據成績而對一切人平等開放。」《中華人民共和國憲法》第四十六條規定：「中華人民共和國公民享有受教育的權利和義務」。受教育權利不僅在憲法中做了規定，在具體的部門法中也被進一步確認。《中華人民共和國義務教育法》第九條規定：「公民不分民族、種族、性別、職業、財產狀況、宗教信仰等，依法享有平等受教育的機會。」受教育權利的發展歷程表明：受教育已經從一種自然權利發展為法律權利；從一種少數人的特權發展為公民的普遍權利；從不平等的特權發展為普遍的平等權；從義務性規範發展成以權利為本位、權利與義務統一的法律規範；從個人權利發展成為民族的、國家的乃至全人類的共同權利。儘管世界各國都很重視用法律來保障公民的受教育權利，但在現實中受教育權利並沒有得到很好的保護和實現。一方面原因在於權利的法定化並不等於權利的實現，法定權利在向現實權利轉化的過程中需要具備很多條件；另一方面，更根本的原因在於教育上的不平等根源於社會和經濟的不平等，完全通過法律來保障受教育權利的平等在現實中還難以實現。

中國目前仍然存在流動人口子女入學難、農村教育機會上的性別歧視、受教育權利情況的地區差距和城鄉差距等現象，這些現象表明：中國公民的受教育權還沒有得到全面的保障，加強教育法制建設仍然是實現受教育權利平等的有效手段。這就需要政府創造條件，科學地確定受教育的權利範圍和研究的內容，在執法過程中，加強教育法規的權威性，並通過各種宣傳教育手段，加強受教育權利意識的普及，建立完善的法律實施監督體系，為其提供法律和制度上的保障。

（三）經濟學視角

從經濟學視角來看，教育公平與教育資源的配置緊密關聯。教育資源的分配大致經歷了三個階段：一是權力公平階段。在封建社會，教育資源的分配以父親的社會地位和政治權力為依據。二是能力公平階段。隨著教育推動社會生產發展的重要作用被認可，各國教育資源分配開始以學生的能力為依據。三是金錢公平階段。當高等教育被界定為個人投資後獲得社

會聲望和經濟利益最高的領域之一時，受教育者理應分擔高等教育的成本。

教育資源的公平分配，在初、中等教育階段，主要採取混合給養制，即把中央和地方對教育的支持能力聯合在一起。具體做法有如下幾種：一是基本金分配製，即政府對某一地區某一學生受教育的成本價格進行估值，利用該值乘以該地區的加權入學人數，然後確定「公平的地方投入比率」，將全國性的地方投入比與當地的稅收進行比較，之間的差額即是政府對某一地方的教育補助金；二是百分比補足，即政府同意分擔地方確定的教育預算，在確定相同的地方教育稅率的情況下，國家補助金補足一些地方的教育投入缺額，以使其提供相同數額的教育經費；三是加權人口補助金，即在確定國家教育經費總額的情況下，根據各地區所擁有的加權學生人數占全國學生加權總人數的比例進行分配。在高等階段主要有四種配置方式：一是國家支配模式，即政府直接給大學；二是成本補償模式，即政府對學生提供直接資助；三是收入多元化模式，即有政府撥款、對學生直接資助、工商業對學校的投入等；四是資源轉移模式，即通過政府直接撥款、基金會撥款以及給學生提供貸款和獎學金等繳納學費的方式支付給學校。

迄今為止，公認的教育資源分配的公平原則有以下五項：一是資源分配均等的原則，這是一項起始性、橫向性公平的原則，主要是保證同一學區、稅務區域內的所有學校和學生實施基礎教育財政公平。二是財政中立的原則，即每個學生的公共教育經費開支上的差異不能與本學區的富裕程度相關，這一原則保證上一級政府能夠通過對下級政府、學校不均等的財政撥款，克服所轄學區間、城鄉間的教育經費差異，保證學生獲得均等機會。三是調整特殊需要的原則，即對少數民族學生、非母語學生、偏遠地區及居住地分散的學生、貧困學生、身心發展有障礙的學生，給予更多的關注和財政撥款。四是成本分擔和成本補償的原則，即遵循成本應該由所有獲益者分擔的原則，要求在非義務教育階段，對學生收取一定的教育費用，並對部分學生採取「延遲付費」的辦法，這是一種縱向性公平。五是公共資源從富裕流向貧困的原則，這是現階段各國學者判斷教育資源分配

是否公平的最終標準，是教育財政公平的最高目標，也是實現教育機會均等的最根本的財政要求。

為促進中國教育事業的均衡發展，政府和社會各界進行了不斷的努力，並取得了較大的進步。2018年頒布實施的《中華人民共和國義務教育法》第一章第六條中規定，國務院和縣級以上地方政府應當合理配置教育資源，促進義務教育均衡發展，改善薄弱學校的辦學條件，並採取措施，保障農村地區、民族地區實施義務教育，保障家庭經濟困難的和殘疾的適齡兒童、少年接受義務教育。國家組織和鼓勵經濟發達地區支援經濟欠發達地區實施義務教育。師資的均衡配置也是義務教育均衡發展的重要方面，《中華人民共和國義務教育法》第四章第三十二條規定，縣級人民政府教育行政部門應當均衡配置本行政區域內學校師資力量，組織校長、教師的培訓和流動，加強對薄弱學校的建設。但由於教育投入總體水準較低、教育投入結構以及教育投入地區分佈不合理，中國教育資源配置不公的狀況並沒有得到根本的解決。

（四）社會學視角

從社會學視角來看，教育公平與教育機會和社會分層的關係緊密關聯。早期教育社會學認為，學校教育將促成高的社會流動從而有降低社會不公平的作用。但學生學業成績的較大差距對這一作用提出了質疑，與學校的教育質量相比，兒童的社會出身、家庭背景等因素對學業成績產生了更為重要的影響。研究發現雖然教育機會總量在不斷增加，削弱不平等影響的教育政策在持續產生影響，但來自社會階層背景方面的不平等卻一直在持續。北京理工大學高等教育研究所楊東平教授通過研究指出：「城鄉差距、地區差距和性別差距是影響中國教育不平衡的主要因素，同時，階層差距也正在成為影響教育公平的重要因素。」[1] 階層差距對教育公平的影響通過以下兩個途徑實現：一是經濟分層對受教育機會產生影響的途徑，即家庭經濟階層愈高，子女實際享有的受教育機會的可能性就愈大；二是文化分層對受教育機會產生影響的途徑，即高文化階層子女比低文化階層

---

[1] 楊東平. 擴招後上大學的機會更均等了嗎？[N]. 中國青年報, 2005-01-25.

子女更容易獲得受教育機會。中國現行的高等學校招生制度，採取的是從高分到低分擇優錄取的原則。從表面上來看，不管考生來自農村地區還是城市地區，不管其家庭背景或父母職業地位如何，同等分數的考生具有相同的高校入學機會和權利。但研究發現，不僅家庭經濟狀況是影響子女高等教育入學機會的重要因素，而且父母受教育程度越高，其子女擁有的入學機會就越多。儘管高校擴招使高等教育入學機會的階層差距得到了一定程度的改善，但這種改善僅是把顯性的不均衡轉化為了隱性的不均衡。高等院校中農村學生的比例是社會階層分佈的一個顯著指標，在重點高等院校，來自經濟資本和文化資本都較強的家庭子女佔有較大的比例，他們享受著更多更好的高等教育資源，而大多數的農村學生和貧困生則聚集在教育資源和教育質量都相對薄弱的地方性院校。大量研究結果表明：來自不同社會階層的子女，擁有的教育機會並不均等，要想改變這一現狀，除了進行相關的教育改革，如建立教育專項資金制度，對落後農村和貧困地區進行資金補償，建立學生助學貸款制度，使貧困家庭的學生也能有學上等以外，更為重要的是要進行徹底的社會改革，從根源上改變產生教育不平等的社會制度本身。

(五) 教育學視角

從教育學視角來看，教育公平與學校及班級教學內容、過程、評價密切相關。學校和班級是社會資本和文化資本發揮作用的場所之一，社會分層機制通過影響學校和班級的運行機制，對學生在學校或班級裡的機會產生重要影響。學校教育通過課程改革、教學過程及學業評價對教育公平產生影響。在課程改革方面，學校通過課程生產、傳遞和累積各種文化資本，不同階層家庭的子女有不同的學校教育結果，學校教育過程是教育知識的分配過程，構成學校課程設置的知識形態與特定的階級與集團利益緊密相連，不同階層的學生接受和掌握不同層次的知識。作為一種重要的社會資源，課程通過對知識的選擇、組織和評估，促使形成各種社會利益，並影響它們之間的社會均衡。課程公平要求摒棄這種霸權課程，進行民主課程改革，尋找一種建立在弱勢群體經驗基礎上的課程，並把它推廣到整個系統。在教學過程方面，教學是有效知識傳遞的實現形式，教學過程中

的教學設計、教師的態度與期望、師生關係、同伴關係等均是一種很重要的社會資本。在班級中，教師對學生的態度和期望以及與學生的交往存在差異，而這種差異往往受學生社會經濟背景的影響。除此之外，學生的學業成就在很大程度上受到同伴的影響，擁有良好的、積極的同伴關係的學生通常也在學業成就上成為獲益者，而來自貧困家庭或落後地區的學生由於較為封閉和具有較強的自卑感，從而不願與其他同學交流和溝通，往往處於不利地位[①]。因此，通過教學改革創建「公平教室」對促進教育公平具有實際意義。在學業評價方面，考試制度是促使人向上流動的一種主要方式，也是學業評價的重要手段。研究表明，學業成就與學生的社會階層存在緊密聯繫，考試不僅是學生的一種個體行為，與他們的家庭經濟狀況、父母的社會地位以及地理環境等因素都緊密關聯。因此，統一的試題和統一的分數線僅僅是表面上的公平，看似公平的考試實質上並不公平。為了保證學業評價的公平，就要考慮學生在社會資本和文化資本方面存在的差異，實施多元化的學業評價制度才能體現真正的公平。

第三節　研究的範圍：教育公平內涵的界定

一、教育公平內涵的討論

早在兩千多年前孔子就提出「有教無類」的教育公平的思想，古希臘雅典的教育也隱含了民主教育的思想，近代社會新興的市民階級要求把平等思想融入教育方面，以尋求教育公平的途徑。到了18世紀末，教育公平的思想已經在一些西方國家轉為立法措施，在法律上確定了人人都有受教育的平等權利。馬克思在1886年提出「教育是人類發展的正常條件和每

[①] 盛冰. 社會資本與文化資本視野下的現代學校制度變革［J］. 教育研究，2006（1）：42-48.

一個公民的真正利益」的教育平等觀。① 1960 年 12 月聯合國教科文組織大會詳盡地闡釋了教育均等的概念。教育公平是實現社會公平與構建和諧社會的重要基礎，為對中國教育公平的進展及面臨的問題做出正確的判斷，需要對教育公平的內涵做出清晰的界定。國內外學者從不同的視角對教育公平的內涵進行了大量的研究。

從國外學者的研究成果來看，瑞典著名教育家托爾斯頓·胡森（T. Husén）指出教育機會均等在三個不同時期有著不同的含義，經歷了起點均等論、過程均等論和結果均等論三個階段。美國社會學家布勞（Peter. M. Blau）認為教育公平包含兩個方面：一是來自父母教育和社會經濟地位的不平等影響即家庭背景的差異；二是本人教育獲得的結果的不平等即受教育年限的差異。美國學者亨利·萊文（Henry. M. Levin）認為教育公平主要體現在教育機會的四個方面：一是對於具有相同教育需求的人給予的受教育機會均等；二是來自不同社會背景的學生，獲得教育的機會均等；三是教育結果的均等；四是教育對生活機會的影響是均等的。② 美國教育家詹姆斯·科爾曼（James·S. Coleman）認為教育公平體現在教育機會的均等，包括三個方面：一是起點均等，指每個人不受任何歧視地開始其學習生涯的機會；二是過程均等，指以平等為基礎對待不同人種和社會出身的人；三是結果均等，指促使學業成就的機會平等。美國政治學者戴維·伊斯頓（D. Easton）認為教育公平就是實現教育利益分配的公平，表現為三個階段：一是發展權利與發展機會的分配公平；二是教育資源配置的公平；三是發展水準和資格的認定的公平。

從國內學者的研究成果來看，楊東平（2006）從教育權利平等和教育機會均等兩個方面界定了教育公平的內涵，但他強調在不同的歷史階段及經濟、政治及文化發展背景下，教育公平的側重點有所不同。20 世紀 90 年代以前教育公平突出表現為權利的平等，20 世紀 90 年代後教育規模、數量的急遽擴張使教育權利得到普及，儘管仍然存在一些權利不平等問

---

① 上海師範大學教育系. 馬克思恩格斯論教育 [M]. 北京：人民教育出版社，1979：127.

② LEVIN HENRY M. Educational Opportunity and Social Inequality in Western Europe [J]. Social Problems, 1976. 24（2）：148-172.

題，如進城務工人員子女接受義務教育問題、身體殘疾者受歧視問題等，但教育公平的重點已經從教育權利平等轉到教育機會均等。王善邁（2008）提出，應將教育公平置於整個社會經濟、政治環境背景下分析，考慮教育公平的階段性、相對性等特徵，從受教育權利和入學機會公平、公共教育資源配置公平、教育質量公平、群體間教育公平等維度對教育公平的內涵進行界定。其認為教育公平是一種抽象的價值觀，教育公平的研究對象應限定在正規三級學校教育，不包含成人教育、家庭教育、社會教育等諸多領域。教育公平在宏觀上應指適齡兒童、青少年享有同等的受教育的權利和機會，享有同等的公共教育資源服務，並向社會弱勢群體傾斜，依照重要程度和實現過程，教育公平應分為包含受教育權利和受教育機會的起點公平、公共教育資源配置公平的過程公平及教育質量公平的結果公平三個方面。在微觀上教育公平應指教育者應同等地對待每個受教育者，而不應該有任何歧視。辛濤、黃寧（2009）從教育起點、過程及結果公平三個維度界定教育公平的內涵，但重點強調教育結果公平的地位，認為教育結果絕對公平是不存在的，因為教育不是孤立的存在體，是處於包含教育自然環境、社會環境和文化環境的教育生態系統之中的，學生智力水準和家庭的社會經濟地位、特點及類型都在不同程度上影響一個學生可能取得的學業成績，這些因素是教育本身無法進行調節和控制的，要對教育結果公平進行準確界定必須將可控和非可控因素進行分離，只考慮教育體系本身的因素對學生獲得的教育產出及教育影響的公平性，即無論家庭條件、智力水準等先天因素的差距如何，每個學生通過教育能夠獲得平等的教育增加量。劉成玉、蔡定昆（2009）將教育公平界定為所有社會成員平等地擁有接受教育的機會，認為教育公平是一種理論上的公平，是一種價值理念，人人擁有均等的教育機會是一種理想目標，因為受條件、能力和需求的影響，實際受教育程度不可能均等。教育公平討論的對象不是所有的教育類型和教育層級，而是義務教育。教育公平強調的公平應是制度公平，而由客觀條件導致的教育不均儘管也是一種不公平，但不能納入教育公平的範疇，其只是社會不公在教育領域的反應和延伸。呂普生（2013）將教育公平界定為教育權利的平等、教育機會均等及成本分擔公

正的統一，認為受教育權利平等是一種受教育資格的平等，依賴於宏觀制度的規範，是受教育公平的前提；教育機會的均等不僅包含起點上的入學機會均等、過程上的資源分享機會與對待機會的均等，而且包含學業成就和日後成功機會的相對均等，是實現教育權利平等、促進教育公平的可行路徑；成本分擔公正包括基本成本和額外成本分擔的公正性，其中額外成本主要是指選擇性教育成本和附加性教育成本，既是實現教育權利平等的內在要求，也是落實教育機會均等的經濟保障。王學男、李五一（2015）從培養適合社會需求和發展的人的本質出發將教育公平的內涵定義為教育活動中對待每個教育對象的公平和對教育評價的公平。認為教育是一種促進人的社會化和個性化的活動，影響著社會發展和人的發展。從教育對人的個性化發展的作用來看，教育對每個對象都不應「一視同仁」，而應因人而異；從教育的結果來看，教育是培養有個性的人的手段。因此，教育公平是基於教育對象和評價對象的初始狀態的發展。教育公平就是教育起點一致、教育過程平等和教育結果相同的觀點是值得商榷的。教育公平是個複雜的社會問題，它涉及社會的政治制度、經濟水準、人口數量、法制化進程及教育資源等諸多的社會現實，是由社會發展狀態決定的。經濟落後導致教育的有效供給不足，經濟、文化的不平衡發展導致巨大的地區差異、城鄉差距和貧富分化，重男輕女的文化傳統導致女童教育的薄弱等是歷史形成的，只能通過社會發展逐步加以解決。教育公平的最終目標是使每個個體都能得到充分的自由的發展，然而個體在已有發展水準、發展的潛能、發展的優勢領域、追求的發展方向等方面都存在著不同程度的差異，除了保證他們受教育的權利和機會均等以外，更重要的還在於正視和尊重這些差異，有針對性地採取不同的教育措施，以促進他們在原有水準上獲得盡可能充分的發展，由此才能最終實現真正意義上的教育公平。教育公平屬於動態的、歷史的範疇，在不同時期、不同地區教育公平的核心主題都存在一定的差異。任何教育公平的政策選擇都是有限的，都是根據一定社會經濟發展的時代特點所做出的抉擇。但教育公平的追求是無限的，它的含義和目標也是不斷變化和提高的。目前中國教育公平的現實問題正在由機會平等和參與平等向教學過程平等的內核轉向。

二、教育公平的內涵

什麼是教育公平？學術界對教育公平的內涵和外延從多個視角進行了研究，豐富了其概念體系。根據教育公平的前人理論基礎及研究成果，筆者結合自身理解，認為教育公平的內涵包含以下幾方面的內容：

（一）從教育公平實現的階段來看

教育公平主要包含：教育起點公平、教育過程公平、教育結果公平。

1. 教育起點公平

教育起點公平指尊重和保護每一個人的基本權利和自由發展，主要體現在價值層面和制度層面，必須從基本法律和教育制度上保障每個人擁有平等接受教育的權利，對處於不利地位的群體的教育權利給予關切和補償，力求人人享有平等的教育機會和教育資源。

2. 教育過程公平

教育過程公平指每個受教育個體在教育過程中得到平等對待，即在教育經費、教育內容、教師質量、學生受關注程度、公正評價等方面，不受主觀因素的影響，得到平等的待遇。在主觀方面表現為教育者在教育活動過程中公平對待每個教育對象。在客觀方面表現為教育活動的有形投入公平，包含以下幾方面：一是在教育經費投入方面保證公平分配，即同類學校在教育資源投入、硬件設施建設、師資力量配備等方面符合基本的教學要求，滿足教育教學活動的正常開展，為每個受教育者提供與其他個體相對公平的物質條件和學習環境；二是在地區之間、城鄉之間、校際教育資源分配上，努力消除分配的不公平；三是在課程設置和教學內容的安排上尊重每個受教育者接受相同廣度和深度的知識的權利，使同樣的知識信息和教育內容平等地提供給每個學生；四是在教學實踐方面，教師在對待學生的態度和期望上體現平等，一視同仁等。

3. 教育結果公平

教育結果公平指每個學生在接受教育後都能達到一個最基本的標準，獲得與其智力水準相符合的學識水準、能力發展水準、道德修養程度，使其個性與潛能獲得充分發展，為其未來發展創造條件，最終體現為學業成

就和教育質量的平等。

（二）從教育公平包含的要素來看

教育公平主要包含：機會均等、權利平等、資源分配公平。

1. 教育機會均等

教育機會均等包含以下三方面：一是入學機會均等，即入學方面的非排斥性或者接納性，指每一位公民的入學機會不得因其民族、種族、性別、階層或其他差異而受到任何歧視。在義務教育階段，不論家庭財產狀況、自然地理條件以及其他主客觀因素如何，每個兒童都有公平的入學機會。在同一學區內，兒童和家長有權根據就近入學原則選擇符合自己期望的學校。二是資源分享機會均等，指所有公立學校應當有大致相當的資源條件。所有學生在給定學區範圍內具有同等的機會進入同一所學校。學區範圍內的所有教育資源應當具有開放性，以使所有學生在運用這些教育資源方面具有同等的機會。三是學業成就和日後成功機會具有相對的公平性，指具有相同天賦和才能的學生，經過學校教育之後，如果他們的努力程度大體相當，那麼他們在學業成就方面應該大體相當。具有不同天賦和才能的學生，經過學校教育之後，他們之間的差距應當趨於縮小，即教育機構應當採取有效的措施協助最不利者（包含天賦和家庭狀況上的不利者）獲得最大限度的學業成就。

2. 教育權利平等

受教育權利的平等包括兩個方面：一是主體人格和尊嚴平等，即教育實踐主體的人格尊嚴應受到同等的保護；二是教育權力平等，即憲法和法律確認並保護每一個人的受教育權利。受教育者的受教育權利包含基本教育權利和其他教育權利。基本教育權利包括制度規範性權利資格、所有學生接受最低限度水準義務教育的平等權利、教育選擇權；其他教育權利主要是指特殊群體，如流動人口子女、殘疾兒童、攜帶病毒者等在與其他所有兒童獲得同等的基本教育權利的前提下，獲得適當的教育補償的權利。

3. 教育資源分配公平

教育資源分配的公平包括學生獲取教育資源的公平與居民負擔教育經費的公平。具體包含以下五項原則：一是資源分配均等原則，即保證對同

一學區、稅務區域內的學校和學生實施基礎教育財政公平；二是財政中立原則，即保證上一級政府能夠通過對下級政府、學校不均等的財政撥款、克服轄區學區間、城鄉間的教育經費差異，保證學生獲得均等機會；三是調整特殊需要原則，即對少數民族（種族）學生、非母語學生、偏遠地區及居住地分散的學生、貧困學生、身心發展有障礙的學生、女童等，給予更多的關注和財政撥款；四是成本分擔和成本補償原則，即遵循成本應該由所有獲益者分擔的原則，在非義務教育階段，對學生收取一定金額的教育費用；五是公共資源從富裕流向貧困原則。

三、教育公平的概念屬性

（一）教育公平具有歷史性

教育公平是一定歷史時期的產物，受社會經濟結構與社會經濟發展水準的制約。因此，在不同的社會發展階段和不同的歷史時期，教育公平的內涵不同，因此我們不能不顧社會發展以及條件的特殊性，把它貫徹到社會的一切領域。從教育公平理論內涵發展的過程看，後一歷史時期的理論內涵總是對前一歷史時期的理論內涵的發展。

（二）教育公平具有相對性

從教育公平的理想和目標而言，教育公平是絕對的；從現實和目標的實現程度而言，它是相對的。該相對性由教育公平實現的客觀條件和受教育者個體能力差異及主觀判斷不同而決定。教育公平以一定的社會經濟、政治條件為基礎，而經濟政治發展的非均衡性決定了教育公平是相對的。同時，受教育者的天賦和能力存在差異，教育公平作為一種價值觀，不同群體對教育公平具有不同的判斷，由此也導致了教育公平的相對性。

（三）教育公平具有階段性

教育公平分為教育起點公平、教育過程公平和教育結果公平三個階段，這三個階段是一個動態的發展過程。每個階段都具有不同的特徵，其內涵和標準在發展的進程中不斷豐富和修正，沒有統一的模式。就目前而言，受教育權利平等已經成為共識，在絕大多數國家和地區已經實現，並以法律的形式加以確認。對於教育資源充裕的發達國家而言，教育公平的

關注點已經開始轉向學業成就的平等，而對於教育資源有限的發展中國家而言，教育公平的關注點還主要集中在各級教育機會的平等上。另外，教育本身也具有階段性，中國的公共教育體系分為學前教育、義務教育、高中教育和高等教育四個階段。每個階段呈現的教育公平問題各不相同。在學前教育和義務教育階段，教育的不公平主要體現在教育投入和辦學標準等方面；在高中教育階段，教育的不公平主要體現在入學機會方面；在高等教育階段，教育的不公平側重於教育成就方面。

（四）教育公平具有系統性

教育公平是社會公平的重要組成部分，是社會公平的一個子系統，僅僅通過教育自身的努力不可能實現高水準的教育公平。教育的不公平源於社會經濟、政治和文化的不公平，想要改變教育不公平的現狀，就要進行徹底的社會改革，從根源上改變產生教育不公平的社會制度，單憑教育改革是行不通的。

第二章　居民教育公平的測度方法

　　受教育是人的「天賦人權」，不分男女、不分民族、不分教派、不分貧富，公民都應享有平等的教育機會。

——賀拉斯‧曼（Horace Mann）

第一節　教育公平的指標體系

　　要對中國的教育公平狀況進行有效的測量和評價，必須依靠完整的評價指標體系，根據前文對教育公平內涵的界定，教育公平的測度應包含對教育起點公平、教育過程公平、教育結果公平、教育機會公平、教育權利公平及教育資源分配公平六個維度。立足中國當前實際情況，儘管在某些領域仍然存在一定的權利公平方面的問題，如殘疾人的教育權，但總體而言教育權利的公平已經不是主要問題。因此在構建教育公平指標體系時，筆者只考慮教育機會公平、公共教育資源配置、教育質量公平、教育成就公平四個維度。

一、教育機會公平評價指標

　　教育機會公平的內涵包含了入學機會的公平、資源分享機會的公平及學業成就和日後成功機會的公平。但資源分享機會的公平與教育資源配置

公平相關，學業成就和日後成功機會的公平與教育成就公平相關，因此對教育機會公平評價指標的構建，只考慮入學機會公平的維度。從教育的階段來看，入學機會公平又分為小學入學機會、初中入學機會、高中入學機會及高等教育入學機會。因小學及初中階段屬於義務教育範圍，高中和高等教育階段的入學機會公平問題表現得更加突出。

1. 小學、初中入學機會的評價指標

小學及初中的入學機會公平體現的是正規教育的原始起點公平。從數量上來看，客觀上大多數學齡人口都具有入學的機會；但從質量上來看，城鄉間、發達地區與不發達地區在小學及初中入學的選擇範圍上存在較大差距。造成這一差距的根源主要在於城鄉之間、發達地區與不發達地區之間由於經濟文化差異產生的教育供給的差異。王善邁（2008）、翟博（2006）認為小學、初中入學機會應使用淨入學率衡量，具體計算公式如下：

$$小學淨入學率 = \frac{小學在校學齡人口數}{小學學齡人口數} \times 100\% \text{ ①}$$

$$初中淨入學率 = \frac{初中在校人口數}{初中學齡人口數} \times 100\% \text{ ②}$$

2. 高中入學機會的評價指標

高中入學機會公平體現的是非義務教育基礎教育階段的起點公平。高中入學機會的不公平與義務教育階段教育的累積有關，突出表現為不同地區、階層家庭子女進入高中的學習機會，尤其是進入優質高中的機會存在較大差距。城市家庭子女比農村家庭子女擁有更多的優質高中入學機會，優勢階層家庭子女比弱勢階層家庭子女擁有更多的優質高中入學機會，而家庭的組織資源、經濟資源和以父母教育程度為代表的文化資源均對其子女的優質教學機會獲得產生顯著影響。王善邁（2008）認為高中入學機會應使用高中毛入學率衡量，具體計算公式如下：

---

① 全國歷年小學淨入學率見各年《中國統計年鑒》，各省（自治區、直轄市）歷年小學淨入學率見各省（自治區、直轄市）統計年鑒。

② 全國歷年初中毛入學率見各年《中國教育統計年鑒》，各省（自治區、直轄市）歷年初中淨（毛）入學率見各省（自治區、直轄市）統計年鑒。

$$高中毛入學率 = \frac{高中在校人口數}{高中學齡人口數} \times 100\% \text{ ①}$$

3. 高等教育入學機會的評價指標

高等教育入學機會公平是高等教育公平最基本的層次，體現的是高等教育的起點公平。中國高等教育起點的不公平性與基礎教育的累積有關，不同地區、性別、種族、階層家庭子女進入高校學習的機會不同，具體表現為高等學校的進入門檻和錄取生源情況。教育學界所強調的高等教育機會均等在高等教育入學考試與選拔環節很難得到保證，布迪厄（P. Bourdieu）認為導致這一問題的原因在於文化資本。從大學的選拔方式來看，布迪厄認為學校的文化代表著被大眾廣泛接受的文化形式，因而在選拔考試中，將有利於那些文化資本豐富的學生。中國的大學文化代表的是一種城鎮文化，它強調邏輯、語言風格以及全面知識的，把生活在豐富文化刺激環境中的孩子篩選出來，使他們能夠順利進入「名牌」大學，穩固自己在社會等級中的較高地位，而對於那些缺乏文化資本的弱勢階層子女而言，他們要麼與大學絕緣，要麼進不了「名牌」大學。王善邁（2008）、駱徽（2012）認為衡量高等教育入學機會公平的指標為高等教育毛入學率，其可以反應各地區提供高等教育機會的整體狀況，具體計算公式如下：

$$高等教育毛入學率 = \frac{高等教育在校人口數}{高等教育學齡人口數} \times 100\% \text{ ②}$$

目前，各級教育階段入學機會由入學制度規定。因此入學機會的公平與入學制度緊密相關。中國小學和初中階段為義務教育範圍，《中華人民共和國義務教育法》規定凡具有中華人民共和國國籍的適齡兒童、少年，不分性別、民族、種族、家庭財產狀況、宗教信仰等，依法享有平等接受義務教育的權利，並履行接受義務教育的義務。同時還規定適齡兒童、少年免試入學。地方各級人民政府應當保障適齡兒童、少年在戶籍所在地學

---

① 全國歷年高中毛入學率見各年《中國教育統計年鑒》，各省（自治區、直轄市）歷年高中毛入學率見各省（自治區、直轄市）統計年鑒。

② 全國歷年高等教育毛入學率見各年《中國教育統計年鑒》，各省（自治區、直轄市）歷年高等教育毛入學率見各省（自治區、直轄市）統計年鑒。

校就近入學。高中及高等學校，採取統一招生、統一考試的入學制度，其通過考試及考核對意願入學的學生進行篩選。因此，入學機會的公平還表現為入學規則的公平，入學機會不因學習能力和個人意願之外的因素（權利、地位、金錢等）而存在差別。如果違反該原則附加額外條件，應視為教育機會的不公平。

二、公共教育資源配置公平評價指標

公共教育資源配置的公平是實現教育過程公平和受教育者享有同質化教育服務的物質保障。在市場經濟條件下，教育資源的渠道具有多元性，既有政府提供的公共教育資源，也有非政府組織及個人提供的教育資源。政府提供的公共教育資源具有公共性，非政府組織及個人提供的教育資源具有市場性和競爭性，從教育公平的視角來看，衡量教育資源配置的公平性應基於政府提供的公共教育資源配置的視角。政府提供的公共教育資源包括人力資源和物力資源，人力資源主要指師資條件，物力資源主要指校舍、教學儀器、圖書等辦學條件，而人力資源與物力資源以貨幣表示則是財力資源，即教育經費。因此教育經費是教育資源的綜合衡量指標，而師資、校舍、教學儀器及圖書等是單獨衡量人力資源和物力資源的指標。根據翟博（2006）、王善邁（2008）、孫陽（2013）等人的研究將公共教育資源配置公平的評價指標分為三大類，具體如下：

1. 教育經費指標

公共教育經費是指中央和地方財政部門實際用於教育的費用，主要包括教育事業費與教育基本建設投資費。教育事業費指各級各類學校的人員經費和公用經費，是教育經費的主要組成部分，是國家用於發展社會各種教育事業，特別是義務教育事業的經費支出，是學校開展正常教育教學活動的基本保障，按照用途可以分為人員經費和公用經費。教育基本建設投資費指用於建築校舍和購置大型教學設備的費用。它占教育經費的比重較小，彈性較大，無統一標準。根據衡量目標的不同，具體指標如下：

（1）公共教育經費：是衡量教育經費的總量指標，代表著某個階段，某些群體所享有的公共教育資源的總量水準，但不能反應每個受教育者實

際享用的公共教育資源的狀況。

（2）生均教育經費：是衡量每個受教育者實際獲得的教育經費的指標，代表每個受教育者享有的公共教育資源水準。由於各教育階段的學校規模大小不等，在判斷教育資源的配置狀況時，使用生均教育經費能更好地從教育經費的視角判斷教育資源的分配狀況。

（3）生均預算內教育經費：與生均教育經費相同，是衡量每個受教育者的個體指標，區別在於其衡量的是每個受教育者實際獲得的財政預算內教育經費的指標，是財政預算內教育事業費撥款、基建撥款及其他撥款的平均值，而不含預算外及非財政性教育經費。

2. 教師資源指標

教師資源是教育資源中人力資源的核心代表，在人力資本市場化環境下教師資源的質量代表了教育資源的既定水準，且關係著教育質量的高低。教師資源狀況通常使用以下指標衡量：

（1）師生比：是學校教師數與在校學生數的比例，反應了一個教師需要為多少學生服務。這只是從數量上衡量教師資源的水準，是衡量學校教師資源的一個基礎性指標。

（2）專任教師學歷結構和職稱結構：是專任教師名學歷人數占總人數的比重和各職稱人數占總人數的比重，反應教師資源質量水準的指標，體現教師的專業水準。

（3）教師合格率：指符合要求的教師數占教師總數的百分比，是反應教師資源質量的基本指標。

（4）教師優質率：指超出合格要求教師數占教師總數的百分比，是反應優質教師資源的指標。

3. 教育設施指標

教育設施指教育工作所必需的物質資料，主要包括教育工作所需要的空間、環境以及有關的教育教學設備，即教育基建、學校設備和社會教育設施，通常使用以下指標衡量。

（1）生均校舍建築面積：反應學生所享用的學習場所的情況，具體指學校用於教學、行政辦公用房的面積的生均值，即每個學生平均使用的房

屋面積。

（2）危房比：衡量基本的校舍安全狀況。在部分貧困農村地區，仍然存在中小學危房，威脅著教師和學生的安全，這一指標用來反應這一實際狀況。

（3）生均教學儀器設備值：指每個學生享有的教育儀器設備資源，反應學校教學儀器設備對滿足學生學習需要的情況。

（4）生均圖書冊數：指每個學生享有的圖書資源，反應學校圖書資源對滿足學生學習需要的情況。

三、教育質量公平評價指標

聯合國教科文組織指出，教育質量包含兩項關鍵內容：一是教育保證學習者認知能力的發展；二是教育促進學習者的創造力和情感發展並幫助他們樹立負責任公民應有的價值觀和處世態度。優質教育不僅有利於獲取知識、技能和培養具有內在價值的處世態度，而且有助於實現重要的人類目標。衡量教育質量的關鍵在於是否公平地促進了學生的全面發展和個性發展，全面發展體現了學生的發展廣度，而個性發展體現了學生的發展深度。教育質量是對教育水準高低和效果優劣的評價，最終體現在培養對象的質量上，是衡量人才是否合格的質量標準。儘管對於教育質量的評價具有較強的主觀性，難以量化，但部分學者也提出了量化的替代指標，起到一定的量化作用。教育質量公平的評價在教育的不同階段所使用的指標不同，通常情況下小學及初中階段使用鞏固率、完成率、升學率，高中階段使用升學率來度量教育質量的公平。

1. 鞏固率：指學校同一屆學生的畢業人數與入學人數的百分比，反應在校學生的鞏固情況，主要應用於義務教育階段。

2. 完成率：指某個教育階段學制期結束時畢業人數與對應學制期初年該教育階段招生數的百分比。

3. 升學率：指上一級教育階段畢業人數與該級教育階段招生人數的百分比。

四、教育成就公平評價指標

教育成就指學生在經歷一段學習後所獲得的結果以及影響，包含教育產出和教育影響。教育產出表示在教育系統中，經歷過一系列的教育過程後獲得的一種直接結果，比如學習的成績、學位的獲得、能力或素養的增強。教育影響表示為教育的一種間接影響，來自當前教育的產出以及先前的教育經驗，如由於教育帶來的高收入水準、較高的生活水準以及其他有利的個人資本狀態。一般來說，基礎教育學生所獲得的教育結果包括了學生在測驗中的學業表現、思想道德水準、體育健康能力、心理素質水準、審美意識和勞動技能水準等。隨著國際標準化測驗的發展，國際教育領域傾向於將能夠反應學生所學知識和技能的測驗結果作為教育結果直接測查的目標和內涵。根據教育結果的內涵以及教育成就測驗的不同功用，可以將教育結果的測量大致分為以下三類：一是基於常模參照測驗的測量。常模參照測驗重在個體之間的比較，多用於考試排名或選拔參照，如期末考試、中考和高考等，這些考試不以教育結果的公平為測量目標。二是基於標準參照測驗的測量。如著名的國際學生評估項目（PISA）、國家教育進展評估（NAEP）以及國際數學與科學教育成就趨勢調查（TIMSS）等都是對學生的學業成就進行監測與評估，同時也收集學生、教師、學校等各方面的背景信息，從而對學生個體以及地區和學校差異進行控制，客觀地分析教育結果。三是教育結果的綜合測量。包括學生的健康水準、認知技能、特殊內容領域的成就、社會和情感因素等。除了考察學生的學業成就外，還將學生的身體狀況和心理發展等因素也納入進來。這一類型的測量能全面地反應教育結果的綜合狀況，反應的教育不僅僅是知識的講授，也需要對學生個體的身體、情緒、社會性的發展予以培養和關注。從對教育結果公平實證研究的文章來看，教育成就公平的評價指標主要分為兩類：一類是微觀的學業表現或學業成績指標；另一類是宏觀的受教育年限指標。

1. 微觀學業表現或學業成績指標：微觀學業表現或學業成績指標是基於實地個體調查，實際考察研究對象的學業成績或學業表現，如田一、李

美娟等（2016）就使用北京市義務教育教學質量分析與評價反饋系統（Beijing Assessment of Educational Quality，BAEQ）對北京市2011—2014年義務教育階段五年級、八年級學生語文、數學、英語學科的學業成績進行分析，借鑑國際測驗以性別和城鄉學生群體的學業表現差異作為教育結果公平指標的經驗，結合中國教育實際情況，增加不同戶籍和不同規模學校學生群體分析，以其合格率和優秀率差異數值作為義務教育結果公平指標。較通用的微觀學業表現或學業成績指標為PISA項目所調查的相關指標。國際學生評估項目（Program for International Student Assessment，PISA）是一項由經濟合作與發展組織（OECD）統籌的學生能力國際評估計劃。主要對接近完成基礎教育的15歲學生進行評估，測試學生們能否掌握參與社會所需要的知識與技能。評估主要分為三個領域：閱讀素養、數學素養及科學素養。陸璟（2013）就使用PISA的指標評價上海教育成就的公平問題。

2. 宏觀受教育年限指標：儘管從質量上看微觀指標更為準確，但數據獲取非常受限，因此實際分析過程中也採用教育年限指標來衡量教育成就。由於實際受教育年限數據在統計年鑑均有統計，其使用範圍更廣。如孫百才（2009）、張航空（2013）都使用受教育年限指標來分析教育成就公平問題。

第二節　教育公平的測度方法

教育公平的測度是在一定的指標下使用一定的測度方法，考察變量分佈的相似性或一致性程度，根據研究對象差異程度分為絕對差異測度方法和相對差異測度方法。絕對差異測度方法主要有標準差、變異系數，相對差異測度方法主要有泰爾指數、A tkinson指數、基尼系數等。

一、標準差、變異系數

1. 標準差

標準差是各單位標準值與其平均數離差平方的算術平均數的平方根，反應組內個體間的離散程度，一個較大的標準差代表大部分數值和其平均值之間差異較大，一個較小的標準差，代表這些數值較接近平均值。如果選擇某一教育公平的指標計算標準差，教育標準差值較小，表明教育公平程度較高，而教育標準差值較大，表明教育公平程度較低。具體計算方法如下：

$$SD = \sqrt{\frac{1}{n}\sum_{i=1}^{n}(Y_i - \bar{Y})^2} \qquad (2-1)$$

公式（2-1）中，SD 為標準差；$\bar{Y}$ 為均值；Y_i 為樣本值；n 為樣本數。

2. 變異系數

變異系數是衡量觀測值變異程度的統計量。當需要比較兩組數據離散程度大小的時候，如果兩組數據的測量尺度相同，或者數據量綱相同，可以直接利用標準差來比較。如果兩組數據的測量尺度相差太大，或者數據量綱不同，就不能直接使用標準差來進行比較，而需消除測量尺度和量綱的影響，採用標準差與平均數的比值來比較，即變異系數。變異系數可以消除測量尺度和量綱對兩個或多個資料變異程度比較的影響。變異系數可以分為簡單變異系數和加權變異系數，反應了教育公平的相對差距，其值越大，表示教育公平程度越低。簡單變異系數忽視了分析樣本中各組人口數不一樣的問題，因此，有必要根據各組人口數的多少進行加權處理。

簡單變異系數的公式為：

$$CY = \sqrt{\frac{1}{n}\sum_{i=1}^{n}(Y_i - \bar{Y})^2} \qquad (2-2)$$

加權變異系數的公式為：

$$CY = \sqrt{\frac{1}{n}\sum_{i=1}^{n}(Y_i - \bar{Y})^2 F_i} \qquad (2-3)$$

公式（2-2）和（2-3）中，n 為樣本數；F_i 為第 i 個組人口數占樣本人口數的比重。

二、泰爾指數

泰爾指數（Theil index）是由泰爾（Theil, 1967）利用信息理論中的熵概念來計算收入不平等而得名。J. A. Litchfield（1999）[①] 將廣義熵指數 $GE（α）$ 定義為：

$$GE(\alpha) = \frac{1}{\alpha(\alpha-1)} \left[\frac{1}{n} \sum_{i=1}^{n} \left(\frac{y_i}{\bar{y}} \right)^{\alpha} - 1 \right] \tag{2-4}$$

公式（2-4）中，n 為樣本中個體的數量，y_i 為個體 i 的水準指標，$\bar{y} = (1/n)\sum_{i=1}^{n} y_i$，參數 α 用於調節不同個體占總體份額權重的大小，可以取任意值。最常用的取值為 0, 1, 2。$\alpha > 0$ 且越大，取值較大的樣本對 $GE(\alpha)$ 的影響就越大，若 $\alpha < 0$ 且越小，取值較小的樣本對 $GE(\alpha)$ 的影響就越大。$0 < GE(\alpha) < +\infty$，0 代表絕對平均，而 GE 係數越大，分配越不平均。

α 趨於 0 時：

$$GE(0) = \frac{1}{n} \sum_{i=1}^{n} \log \frac{\bar{y}}{y_i} \tag{2-5}$$

α 趨於 1 時：

$$GE(1) = \frac{1}{n} \sum_{i=1}^{n} \frac{y_i}{\bar{y}} \log \frac{y_i}{\bar{y}} \tag{2-6}$$

公式（2-6）中，$GE(1)$ 即為泰爾指數（Theil index）。

泰爾指數作為差異程度的測量方法具有良好的可分解性，即將樣本分為多個群組時，泰爾指數可以分別衡量組內差距與組間差距對總體差距的貢獻。假設包含 n 個個體的樣本被分為 k 個群組，每組分別為 $g_k(k = 1, 2...)$ 第 k 組 g_k 中的個體數目為 n_k，則有 $\sum_{k=1}^{k} n_k = n$，y_i 與 y_k 分

[①] J. A. LITCHFIELD. Inequality: Methods and Tools [EB/OL]. http://www.worldbank.org/poverty, 1999.

別表示某個體 i 的收入份額與某群組 k 的收入總份額，記 T_b 與 T_w 分別為群組間差距和群組內差距，則可將泰爾指數分解如下：

$$T = T_b + T_w = \sum_{k=1}^{K} y_k \log \frac{y_k}{n_k/n} + \sum_{k=1}^{K} y_k \left(\sum_{i \in g_k} \frac{y_i}{y_k} \log \frac{y_i/y_k}{1/n_k} \right) \quad (2\text{-}7)$$

在公式（2-7）中群組間差距 T_b 與群組內差距 T_w 分別表示如下：

$$T_b = \sum_{k=1}^{K} y_k \log \frac{y_k}{n_k/n} \quad (2\text{-}8)$$

$$T_w = \sum_{k=1}^{K} y_k \left(\sum_{i \in g_k} \frac{y_i}{y_k} \log \frac{y_i/y_k}{1/n_k} \right) \quad (2\text{-}9)$$

三、阿特金森指數（Atkinson Index）

阿特金森指數是測度不公平指數中明顯帶有社會福利規範看法的一個指數。阿特金森指數首先計算出一個等價敏感平均值 y_ε（y_ε 定義為每個人享受到了這樣一個等價敏感值時的社會總福利）。y_ε 可由下式計算得出：

$$y_\varepsilon = \left[\sum_{i=1}^{n} f(y_i) y_i^{1-\varepsilon} \right]^{\frac{1}{1-\varepsilon}} \quad (2\text{-}10)$$

公式（2-10）中 y_i 為第 i 組的實際水準；$f(y_i)$ 為第 i 組占總人口比例的密度函數；ε 為不平等厭惡參數。該參數反應社會對於不平等的厭惡（或對平等的偏好）程度，其取值範圍是 $0 < \varepsilon < +\infty$。比較典型的 ε 權重有 0.5 和 2。在定義了 y_ε 後阿特金森指數可以表示為：

$$A_\varepsilon = 1 - \frac{y_\varepsilon}{\mu} \quad (2\text{-}11)$$

公式（2-11）中 μ 為平均水準，從該指數可以看出：公平指數越高，則 y_ε 越接近 μ，阿特金森指數值也就越小；對於任何分佈而言，阿特金森指數值的取值範圍為 [0，1]，其中 0 代表社會達到了完全公平；如果 y_i 代表的是第 i 組的水準，則第 i 組占總人口數的比例就是 $1/n$，阿特金森指數又可以用下式表示：

$$A_\varepsilon = 1 - \left[\frac{1}{n} \sum_{i=1}^{n} \left(\frac{y_i}{\mu} \right)^{1-\varepsilon} \right]^{\frac{1}{1-\varepsilon}} \quad (2\text{-}12)$$

阿特金森指數具有洛倫茲準則一致性，而且還具有可分解性。J. A.

Litchfield（1999）認為阿特金森指數的分解並不是等於組內與組間阿特金森指數之和，其分解公式如下：

$$A_\varepsilon^T = A_\varepsilon^b + A_\varepsilon^w + Residual \qquad (2-13)$$

四、基尼系數（Gini Coefficient）

基尼系數是義大利經濟學家基尼於 1922 年根據洛倫茨曲線提出的反應收入不平等程度的一個指標。假設實際收入分配曲線和收入分配絕對平等曲線之間的面積為 A，實際收入分配曲線右下方的面積為 B。並以 A 除以（A+B）的商表示不平等程度。這個數值被稱為基尼系數。如果 A 為 0，基尼系數為 0，表示收入分配完全平等，如果 B 為 0 則系數為 1，收入分配絕對不平等。該系數可在 0 和 1 之間取任何值。收入分配越是趨向平等，洛倫茨曲線的弧度越小，基尼系數也越小，反之，收入分配越是趨向不平等，洛倫茨曲線的弧度越大，那麼基尼系數也越大。基尼系數在 0.2 以下，表示居民之間收入分配「高度平均」，0.2~0.3 表示「相對平均」；0.3~0.4 為「比較合理」。同時，國際上通常把 0.4 作為收入分配貧富差距的「警戒線」，認為 0.4~0.6 為「差距偏大」，0.6 以上為「高度不平均」。

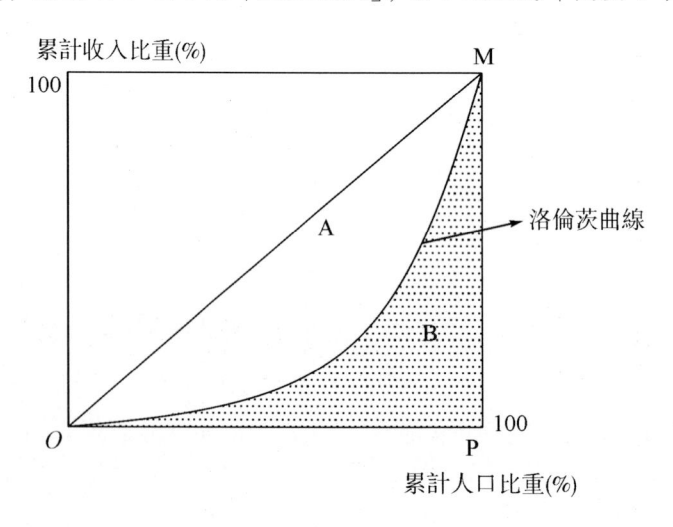

圖 2.1　洛倫茨曲線

圖 2.1 中，OM 為 45 度線，在這條線上，每 10% 的人得到 10% 的收

入，表明收入分配完全平等稱為絕對平等線。OPM 表明收入分配極度不平等，全部收入集中在 1 個人手中，稱為絕對不平等線。介於二線之間的實際收入分配曲線就是洛倫茨曲線。它表明：洛倫茨曲線與絕對平等線 OM 越接近，收入分配越平等；與絕對不平等線 OPM 越接近，收入分配越不平等。

根據基尼系數是洛倫茨曲線圖中不平等面積與完全不平等面積的比值，推導出教育基尼系數的計算公式：

$$G = 1 - \sum_{i=1}^{n}(W_{i-1} + W_i) \cdot P_i \qquad (2\text{-}14)$$

公式（2-14）中，G 代表某組教育基尼系數，P_i 代表每組人口數量占總人口數量的比重，W_i 代表累計到第 i 組受教育年限占所有組受教育年限比。

根據 Yao. S（1999）提供的基尼系數區域分解法，可以將 n 個組按一定的特徵劃分為 K 個區，設 G_A、G_B、G_C 分別為 K 個區的區際、區內及交錯項的基尼系數，R_A、R_B、R_C 分別為區際、區內及交錯項基尼系數對總基尼系數的貢獻率，則基尼系數可以分解為：

$$G = G_A + G_B + G_C \qquad (2\text{-}15)$$

公式（2-15）中，$R_A = G_A/G$，$R_B = G_B/G$，$R_C = G_C/G$。

如果對 K 個組按平均受教育年數進行從小到大的排列，將每個小組視作為一個分組單位，假設第 j 個小組人口占 K 個區總人口的比重為 P_j，累計到第 j 組受教育年限占所有組受教育年限比為 W_j，則 K 個小組之間的教育基尼系數為：

$$G_A = 1 - \sum_{j=1}^{K}(W_{j-1} + W_j) \cdot P_j \qquad (2\text{-}16)$$

假設第 j（$j=1, 2\cdots K$）個組含有 M 個小組，對 M 個小組按平均受教育年數進行從小到大的排列，將每個小組視作一個分組單位，第 m（$m = 1, 2\cdots M$）個小組的人口數占 M 個小組人口總數的比例為 P_{jm}，累計到第 m 組受教育年限占 j 組內所有組受教育年限比為 W_{jm}，則 j 個組內各小組的教育基尼系數為：

$$G_j = 1 - \sum_{m=1}^{M} (W_{j(m-1)} + W_{jm}) \cdot P_{jm} \qquad (2-17)$$

假設第 j 個小組受教育年數占 K 個組總年數的比重為 E_j，根據 Yao 對組內基尼系數的推理，則 K 個組內的教育基尼系數以及交錯項的基尼系數為：

$$G_B = \sum_{j=1}^{K} P_j \cdot E_j \cdot G_j \text{①} \qquad (2-18)$$

$$G_C = G - G_A - G_B \qquad (2-19)$$

---

① 引用 V. M. Rao（1969）的基尼系數分解公式。

第三章　農村居民教育公平的測度

　　大眾媒體對教育公平的關注，使它一再成為輿論的焦點，尤其是在每年全國和各地的「兩會」上。然而，不能認為教育公平是被媒體「炒」出來的，輿論表達的不過是觸目驚心的現實和沸騰的民意。恰恰相反，只有當教育公平不再成為輿論焦點時，才意味著教育公平狀況得到了有效的改善。

——楊東平[①]

　　教育是人力資本投資的重要內容，與社會經濟發展息息相關，教育發展水準是影響政治、經濟、文化發展的重要因素，教育公平是社會公平的重要基礎。黨的十六大以來，促進教育公平逐漸成為國家基本教育政策。黨的十七大報告指出：「教育是民族振興的基石，教育公平是社會公平的重要基礎。」黨的十八大報告提出要「大力促進教育公平」。黨的十九大報告指出：「努力讓每個孩子都享有公平而有質量的教育。」教育公平日益成為教育理論研究和實踐領域的熱點。改革開放以來，中國教育規模不斷擴張，農村居民受教育水準不斷提高。那麼，教育公平發生了怎樣的變化？現在狀況如何？

　　學者們對這一問題進行了大量研究，從研究方向看，主要是對教育機會公平和教育結果公平的研究；從研究維度看，主要是對總體教育公平，

---

① 楊東平. 中國教育公平的理想和現實［M］. 北京：北京大學出版社，2006.

地區間教育公平、城鄉教育公平、性別教育公平、不同年齡教育公平及不同教育階段教育公平的研究。吳愈曉（2013）、李春玲（2014）利用 Mare（1981）升學模型分析了各教育階段城鄉教育機會不平等的狀況與演變，認為小學階段教育機會不平等在下降，初中無變化，而高中及其他高級中等教育的城鄉教育機會不平等呈上升趨勢，大學階段上升幅度較小。張菀洺（2013）利用教育基尼系數，從教育結果公平的視角分析了總體教育公平及省際教育公平現狀，認為總體教育公平狀況得到了改善，而省際教育發展嚴重不公平。張航空、姬飛霞（2013）利用 Yao（1999）的教育基尼系數拆解法，從教育結果公平的視角分析了總體教育公平、性別間教育公平、城鄉間教育公平、不同年齡教育公平的演變，認為總體教育不公平狀況得到改善，性別間教育公平變化較小，城鄉間教育不公平程度提高，不同年齡人口教育公平狀況波動較大。孫百才、劉雲鵬（2014）利用教育基尼系數，從教育結果公平的視角分析了地區間及性別間的教育公平程度及動態變化趨勢，認為性別間教育差距呈收斂趨勢，而地區間教育差距呈擴大趨勢。已有研究主要是基於全國範圍內從城鄉、性別、教育階段、年齡階段等方面對教育公平狀態及趨勢進行的評估，為學界從不同內涵及不同維度上研究中國教育公平的狀況及演變趨勢奠定了基礎。

農村作為經濟發展的重要區域，教育發展水準和教育公平狀況不僅對農村發展有重要影響，而且對整個社會經濟文化發展都具有重大影響，而已有研究較少關注農村教育公平狀況的評估。基於這一研究現狀，本文以教育結果公平為研究視角，從省域內公平及省際公平兩個維度對農村居民[1]教育公平的狀況及演變趨勢進行測度，並根據影響教育獲得的收入約束因素、家庭因素及公共教育投入因素將 31 個省（自治區、直轄市）[2] 進行分區，對農村居民教育公平進行區域分解，以期從時間和空間兩個維度對農村居民教育公平的狀況及演變作出判斷，探尋演變特徵的成因。

---

[1] 本文研究的農村居民是指長期居住在鄉鎮行政管理區域內或所轄行政村範圍內的公民。
[2] 調研的 31 個省（自治區、直轄市）包括河北省、山西省、遼寧省、吉林省、黑龍江省、陝西省、甘肅省、青海省、山東省、福建省、浙江省、河南省、湖北省、湖南省、江西省、江蘇省、安徽省、廣東省、海南省、四川省、貴州省、雲南省、北京市、天津市、上海市、重慶市、內蒙古自治區、寧夏回族自治區、新疆維吾爾自治區、西藏自治區、廣西壯族自治區。

第一節　農村居民教育公平測度及分解方法

教育基尼系數和教育標準差是測度教育公平的常用指標，Ram. R（1990）、O' Neill. D（1995）、Birdsall. N and Londono. J. L（1997）、翟博等（2012）等使用教育標準差對教育公平進行測度，TerWeele. A. H（1975）、Maas. J and Criel. C（1982）、Lopez. R and Thomas. V（1998）、Sheret. M（1988）、張菀洺（2013）、張航空等（2013）、孫百才等（2014）等使用教育基尼系數對教育公平進行測度。兩者比較而言，標準差缺乏穩定性，而教育基尼系數在衡量時間序列各國家或地區間教育公平的發展變化程度上更為有效（Thomas. V and Wang. F 2003），因而教育基尼系數逐漸成為測度教育發展公平程度的主流方法。對教育結果公平的研究，Thomas. V and Wang. F（2003）認為教育成就的存量指標是準確測度教育公平的基礎，而受教育年限可以較好地反應教育成就的存量，國內大多數研究都是採用受教育年限來代表教育成就存量。因此本文也採用人均受教育年限計算教育基尼系數來衡量農村居民教育公平的程度及變化趨勢，具體方法如下。

一、農村居民教育公平的測度方法

1. 農村居民教育省內公平的測度方法

對於農村居民教育省內公平的測度使用的是《中國農村統計年鑒》中按照受教育程度六級分組的統計數據，本書將高中及中專組數據合併，改成五級分組形式（文盲或半文盲、小學程度、初中程度、高中或中專程度、大專以上）根據基尼系數是洛倫茨曲線圖中不平等面積與完全不平等面積的比值，推導出計算各省教育基尼系數公式：

$$G = 1 - \sum_{i=1}^{5}(W_{i-1} + W_i) \cdot P_i \qquad (3-1)$$

公式（3-1）中，G 代表某省農村居民教育省內基尼系數，P_i 代表每組人口數量占總人口數量的比重，W_i 代表累計到第 i 組受教育年限占所有組受教育年限比。對於每組代表的受教育年限，本文借鑑孫百才（2014）和張航空（2013）的方法，分別將文盲或半文盲組、小學程度組、初中程度組、高中或中專程度組、大專以上組的受教育年限定義為 0 年、6 年、9 年、12 年、16 年。

2. 農村居民教育省際公平的測度方法

對於農村居民教育省際公平的測算使用的是經過處理後的各省人均受教育年限數據，本文將各省份人均受教育年限數據從小到大進行排序，將每個省份視作一個分組單位，同樣根據基尼系數的定義推導出計算各省間教育基尼系數的公式：

$$G = 1 - \sum_{i=1}^{n}(W_{i-1} + W_i) \cdot P_i \qquad (3\text{-}2)$$

公式（3-2）中，n 代表省份的個數，G 代表某年農村居民教育省際基尼系數，P_i 代表每組人口數量占總人口數量的比重，W_i 代表累計到第 i 組受教育年限占所有組受教育年限比。

二、農村居民教育公平的區域分解法

根據 Yao. S（1999）提供的基尼系數區域分解法，將 n 個省份按一定的特徵劃分為 K 個區，設 G_A、G_B、G_C 分別為 K 個區的區際、區內及交錯項的基尼系數，R_A、R_B、R_C 分別為區際、區內及交錯項基尼系數對總基尼系數的貢獻率，則農村居民基尼系數可以分解為：

$$G = G_A + G_B + G_C \qquad (3\text{-}3)$$

公式（3-3）中，$R_A = G_A/G$，$R_B = G_B/G$，$R_C = G_C/G$。

如果對 K 個區按平均受教育年數進行從小到大的排列，將每個區視作為一個分組單位，假設第 j 個區農村居民人口占 K 個區總人口的比重為 P_j，累計到第 j 組受教育年限占所有組受教育年限比為 W_j，則 K 個區之間的教育基尼系數為：

$$G_A = 1 - \sum_{j=1}^{K}(W_{j-1} + W_j) \cdot P_j \qquad (3\text{-}4)$$

假設第 j（$j=1, 2\cdots K$）個區含有 M 個省，對 M 個省按平均受教育年數進行從小到大的排列，將每個省視作為一個分組單位，第 m（$m=1, 2\cdots M$）個省的人口數占 M 個省人口總數的比例為 P_{jm}，累計到第 m 組受教育年限占 j 區內所有組受教育年限比為 W_{jm}，則 j 個區內各省的教育基尼系數為：

$$G_j = 1 - \sum_{m=1}^{M}(W_{j(m-1)} + W_{jm}) \cdot P_{jm} \qquad (3-5)$$

假設第 j 個區農村居民受教育年數占 K 個區總年數的比重為 E_j，根據 Yao 對區內基尼系數的推理，則 K 個區內的教育基尼系數以及交錯項的基尼系數為：

$$G_B = \sum_{j=1}^{K} P_j \cdot E_j \cdot G_j \text{①} \qquad (3-6)$$

$$G_C = G - G_A - G_B \qquad (3-7)$$

第二節 農村居民教育省內及省際公平的測度、演變及特徵

根據公式（3-1）使用《中國農村統計年鑒》中按照受教育程度六級分組的統計數據計算出 31 個省（直轄市、自治區）1988—2012 年教育基尼系數，以反應中國各省內部農村居民教育公平情況。

一、農村居民教育省內公平的演變

為揭示各省內部農村居民教育公平的動態變化特徵，本文利用非參數估計模型中的核估計方法估計各年 31 省（直轄市、自治區）農村教育基尼系數的密度函數。為了簡化分析，選擇在密度函數圖形具有代表性特徵的 1988 年、1993 年、1998 年、2003 年、2008 年和 2012 年 6 個年份進行

---

① 引用 V. M. Rao（1969）的基尼系數分解公式。

估計，在估計過程中以高斯函數為密度函數。圖 3.1 為 31 個省（直轄市、自治區）6 個不同年份的 Kernel 密度圖，橫軸表示教育基尼系數，縱軸為密度。該圖解釋了中國農村居民省內教育公平的演進狀況，特徵如下：

（1）從密度函數圖的位置變化來看，1988—2012 年期間，中國農村居民省內教育基尼系數密度函數分佈曲線呈向左平移的趨勢，表明各省農村居民教育基尼系數呈下降的趨勢，說明各省農村居民教育公平程度逐漸提高。

（2）從密度函數圖的峰度變化來看，中國農村居民省內教育基尼系數密度函數分佈曲線在 1988—2012 年期間，出現了由寬峰形向尖峰形發展的變化趨勢，且趨勢明顯，階段性特徵突出，1988—1991 年表現為明顯的寬峰特徵，1992—1995 年峰度變窄，1996—2012 年表現為明顯的尖峰特徵。以上變化表明各省農村居民教育基尼系數的差異化程度逐漸縮小，說明各省農村居民教育公平程度逐漸趨同。

（3）從密度函數圖的形狀變化來看，中國省域內農村居民教育基尼系數密度函數分佈曲線在 1988—2012 年期間，表現為雙峰向單峰轉變的趨勢。以上變化表明各省域內農村居民教育基尼系數趨同的類型經歷了雙峰趨同到單峰趨同的過程，說明各省農村居民教育公平程度在逐漸趨同時，表現為向單一高水準收斂的特徵。

二、農村居民教育省內公平的區域特徵

借鑑聯合國有關組織對收入基尼系數的分段劃分標準①，對 31 個省（直轄市、自治區）農村居民教育基尼系數的大小進行區域劃分，中國農村居民教育省內公平的區域特徵表現如下：

（1）中國農村居民教育省內公平狀況呈明顯的聚集性和區域性特徵。西北和西南地區是農村居民教育公平程度較低地區，1988 年西南及西北地區農村居民平均教育基尼系數分別為 0.51 和 0.46，均高於 0.4 的警戒水

---

① 0.2 以下表示收入絕對平均，0.2~0.3 表示比較平均，0.3~0.4 表示相對合理，0.4~0.5 表示差距較大，0.5 以上表示差距懸殊。

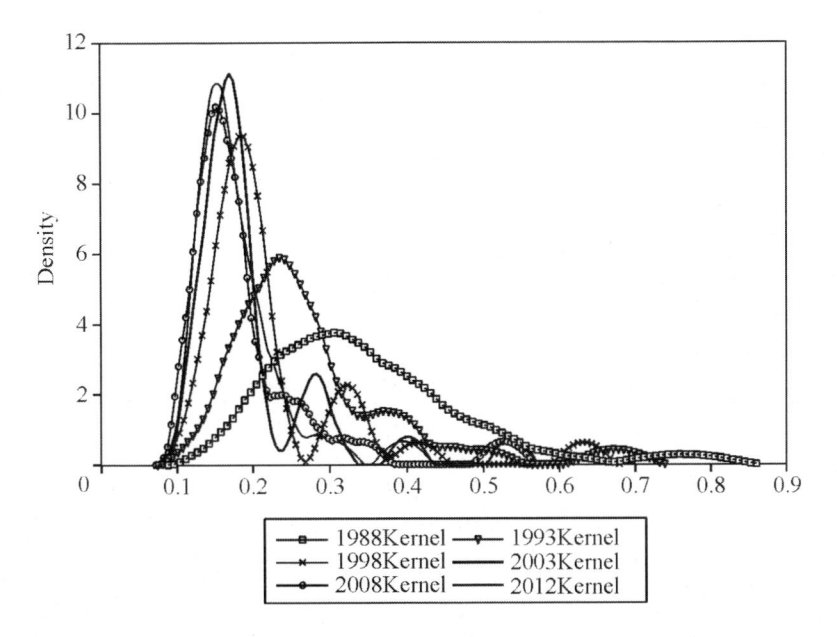

圖 3.1 省域內農村居民教育基尼係數密度函數

準，且遠遠高於東部、中部及東北地區的平均水準①。儘管到 2012 年各省農村居民教育省內基尼係數大幅下降，全部省份均降到合理範圍內，但相對於其他地區，西南及西北地區仍然是農村居民教育公平程度較低的地區②，在大部分地區農村居民教育基尼係數都低於 0.2 的情況下，西藏仍然保持著接近警戒線的水準。

（2）中國農村居民教育省內公平程度呈梯次過渡趨勢，總體呈現由西部向東部、由內陸向沿海逐步提高的態勢。雖然隨著教育的擴展，農村居民省內教育公平程度逐步提高，各省逐漸趨同，但是區域差異仍然存在。1988 年，東部及東北地區的大部分省份農村居民教育基尼係數低於 0.2，中部地區的大部分省份農村居民教育基尼係數在 0.2~0.3 範圍內，西部地區大部分省份農村居民教育基尼係數在 0.4 以上，以上數據說明在此期間東部地區農村居民教育公平程度較高，中部地區低於東部地區，但在合理

---

① 1988 年東部、中部及東部地區農村居民平均教育基尼係數分別為 0.29、0.32 和 0.23。
② 2012 年西南、西北、東部、中部、東北地區農村居民平均教育基尼係數分別為 0.24、0.22、0.16、0.17、0.13。

範圍內，西部地區最低，且存在嚴重教育不公平的情況。到 2012 年，東北、東部及中部地區的大部分省份農村居民教育基尼系數都低於 0.2，西部地區的大部分省份農村居民教育基尼系數仍高於其他地區，但已降低到了 0.2~0.3 的範圍，由此說明隨著教育公平程度的逐步提高，東北、東部及中部地區農村居民教育公平程度提高到了較高水準，西部地區農村居民教育公平程度雖低於其他地區，但也提高到了比較合理的範圍。

三、農村居民教育省際公平的測度及演變

利用《中國農村統計年鑒》中提供的 31 個省（直轄市、自治區）農村地區受教育程度六級分組的統計數據，將文盲或半文盲組、小學程度組、初中程度組、高中或中專程度組、大專以上組的受教育年限定義為 0 年、6 年、9 年、12 年、16 年，計算出 1988—2012 年各省平均受教育年限數據，再利用公式（3-2）計算出 1988—2012 年農村居民教育省際基尼系數，以反應中國農村居民教育省際公平情況。根據計算的農村居民教育省際基尼系數，繪製出反應省際公平程度的變動圖，如圖 3.2。

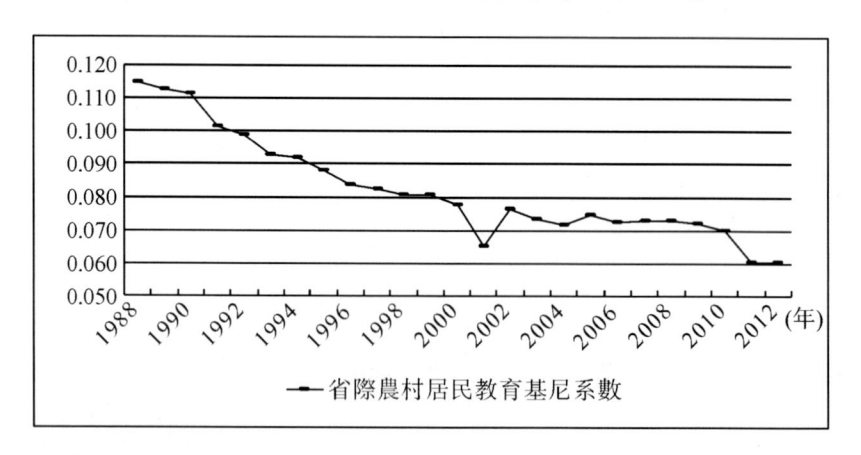

圖 3.2 省際農村居民教育公平演變

根據圖 3.2 的趨勢可知，1989—2012 年中國農村居民教育省際公平程度發生較大變化，表現出較明顯的變動特徵。

（1）農村居民省際教育基尼系數起點低，且下降速度快。由於各省農村居民平均受教育水準較低，1994 年之前所有省份農村居民平均受教育年

限均低於 9 年，1994 年之後也只有個別省份的平均受教育年限高於 9 年，這造就了各省之間平均受教育水準差異不大，在九年義務教育政策的大力貫徹執行下，各省居民的平均教育水準以較快的速度向 9 年靠近，全國農村平均受教育水準以 1.4%的平均速度從 1988 年的 5.84 上升至 2012 年的 8.22，使各省之間的差距越來越小，公平程度越來越高。

（2）農村居民省際教育基尼系數總體上呈逐步降低的趨勢，且具有一定階段性波動的特徵。在 1988—2004 年，除 2001 年表現為跳躍下降的特徵外，其他年份呈逐年小幅下降趨勢，2005—2009 年表現為微弱的小幅上升特徵，2010 年小幅下降後，2011 及 2012 年快速從 2010 年的 0.07 下降為 0.06。這一變動特徵說明，中國省際農村居民教育公平程度逐漸提高，這一結果得益於中國自 1986 年實施普及九年義務教育政策以來對該項政策的不斷完善。

第三節　農村居民教育省際公平的分解

中國各省份農村地區不僅在自然及經濟社會發展條件方面存在較大差異，而且在收入水準、公共教育資源及家庭教育投入等方面都存在較為顯性的差異特徵。農村居民受教育程度不僅與公共教育資源緊密相關，還受農村居民收入水準和教育投入意願的約束，各省間農村居民受教育程度的差異無不與這些因素相關，因此本書以這些與農村居民受教育程度緊密相關的因素為區分標準將 31 個省（直轄市、自治區）劃分成不同類型的區域，利用這些區域的相關數據對農村居民省際教育公平進行分解。可以觀測到不同劃分標準下，同一區域不同省份之間和不同區域間教育公平程度，以及各自對農村居民教育省際公平的貢獻，並由此探尋省際農村居民教育公平的主要影響因素。

一、收入水準差異的區域分解

收入水準是農民教育需求實現的基礎，是農民教育水準提高的支撐。具有較高收入水準的農民，通常具有較強的受教育的慾望，且具有有效的教育投資行動；而較低收入水準的農民，收入瓶頸不但會遏制其教育投資行動，而且會收縮其受教育的慾望，因此收入水準的高低在一定程度上會影響農村居民受教育的水準。從農村居民收入水準的演變歷史來看，各省間一直存在明顯的差異特徵，雖然近年來省際收入差異有明顯的下降趨勢，但是農村居民省際收入基尼系數仍然保持在接近 0.2 的水準[①]。那麼農村居民省際教育公平水準是否受收入差異的影響？不同收入水準等級區域間及同一收入水準區域內農村居民教育公平水準如何？本文利用 1997—2012 年[②]農村居民收入數據，採用聚類分析的方法，將 31 個省（直轄市、自治區）按收入等級劃分為較高收入地區、中等收入地區、和較低收入地區[③]，再根據公式（3-3）（3-4）（3-5）（3-6）（3-7）計算出各區間、區內的教育基尼系數及對省際教育基尼系數的貢獻程度，以此來說明農村省際教育公平按收入水準分區的分解情況，結果如表 3-1。

表 3-1　收入差異三大區區際、區內、交錯項教育基尼系數及其貢獻系數

年份	G_{1y}	G_{2y}	G_{3y}	G_{Ay}	G_{By}	G_{Cy}	R_{Ay}	R_{By}	R_{Cy}
1988	0.071,1	0.041,6	0.199,2	0.042,7	0.036,8	0.035,3	0.372,1	0.320,4	0.307,4
1989	0.072,2	0.039,1	0.196,9	0.041,3	0.036,4	0.034,7	0.367,6	0.323,7	0.308,7
1990	0.058,0	0.041,3	0.197,1	0.042,1	0.035,3	0.033,9	0.378,0	0.317,3	0.304,7
1991	0.060,0	0.028,1	0.186,4	0.039,2	0.032,9	0.029,2	0.387,1	0.325,0	0.287,9
1992	0.057,9	0.029,4	0.181,8	0.037,7	0.032,4	0.028,8	0.381,2	0.327,2	0.291,6
1993	0.054,7	0.026,7	0.175,7	0.033,9	0.031,2	0.027,8	0.365,1	0.335,6	0.299,2

---

① 李瑞琴. 農村居民收入的省際差距：1978—2012 年 [J]. 改革, 2014（4）.
② 筆者為了不漏掉重慶地區，只採用了 1997 年之後的數據進行聚類分析。
③ 較高收入地區：天津、江蘇、福建、廣東、北京、浙江、上海；中等收入地區：遼寧、山東、湖南、海南、江西、湖北、吉林、黑龍江、河北；較低收入地區：雲南、青海、陝西、西藏、貴州、甘肅、寧夏、新疆、廣西、內蒙古、河南、重慶、四川、安徽、山西。

表3-1(續)

年份	G_{1y}	G_{2y}	G_{3y}	G_{Ay}	G_{By}	G_{Cy}	R_{Ay}	R_{By}	R_{Cy}
1994	0.054,6	0.025,0	0.173,5	0.034,3	0.030,6	0.027,2	0.372,4	0.332,6	0.295,0
1995	0.050,6	0.025,2	0.166,4	0.033,6	0.029,4	0.025,2	0.380,9	0.333,2	0.285,9
1996	0.046,3	0.021,0	0.164,5	0.031,6	0.028,4	0.023,5	0.378,2	0.340,4	0.281,4
1997	0.042,1	0.020,0	0.107,4	0.046,8	0.020,6	0.015,1	0.567,3	0.249,9	0.182,9
1998	0.044,6	0.016,7	0.103,3	0.046,8	0.020,0	0.014,1	0.578,5	0.246,7	0.174,8
1999	0.046,8	0.015,0	0.101,0	0.045,9	0.019,6	0.015,1	0.568,3	0.243,2	0.188,5
2000	0.035,2	0.016,4	0.103,5	0.044,0	0.019,3	0.014,3	0.567,3	0.248,8	0.183,9
2001	0.037,0	0.015,1	0.075,5	0.036,8	0.015,5	0.012,7	0.566,4	0.238,1	0.195,6
2002	0.039,6	0.015,5	0.100,3	0.041,5	0.019,2	0.015,5	0.545,2	0.251,7	0.203,1
2003	0.038,3	0.015,8	0.093,3	0.041,1	0.018,1	0.014,2	0.560,2	0.246,6	0.193,1
2004	0.040,3	0.017,6	0.087,8	0.039,4	0.017,7	0.014,3	0.552,4	0.247,7	0.199,9
2005	0.047,5	0.019,0	0.093,1	0.038,1	0.019,2	0.017,5	0.509,2	0.257,1	0.233,7
2006	0.045,4	0.018,2	0.090,3	0.037,0	0.018,6	0.016,8	0.510,9	0.256,8	0.232,3
2007	0.043,9	0.018,2	0.090,5	0.038,0	0.018,4	0.016,6	0.520,8	0.252,6	0.226,7
2008	0.043,8	0.018,9	0.090,0	0.037,3	0.018,5	0.017,1	0.512,2	0.253,7	0.234,0
2009	0.045,6	0.018,2	0.087,9	0.036,7	0.018,3	0.017,2	0.508,9	0.253,4	0.237,7
2010	0.041,5	0.018,2	0.085,5	0.035,5	0.017,7	0.016,5	0.509,8	0.253,3	0.236,9
2011	0.042,0	0.017,1	0.073,9	0.029,5	0.016,0	0.014,7	0.490,3	0.265,9	0.243,8
2012	0.042,0	0.017,6	0.073,4	0.029,9	0.016,0	0.014,4	0.496,2	0.265,3	0.238,4

註:G_{1y}、G_{2y}、G_{3y}分別表示高收入地區、中等收入地區及低收入地區區内農村居民教育基尼系數;G_{Ay}、G_{By}、G_{Cy}分別表示三個地區的區間、區内及交錯項的基尼系數;R_{Ay}、R_{By}、R_{Cy}分別表示區間、區内及交錯項對省際總體教育基尼系數的貢獻系數

從農村居民收入水準差異區區内的教育基尼系數來看,1988—2012年,收入較低區區内教育基尼系數保持大於省際總體的高位水準,且呈現較快的下降趨勢,從1988年的0.199,2下降為2012年的0.073,4,儘管2007年以來下降速度放緩,但平均下降速度仍有3.38%;中等收入地區及較高收入地區區内教育基尼系數保持低於省際總體的低位水準,且呈現緩慢的下降趨勢,較高收入地區以平均2.2%的減速,從1988的0.071,1下降為2012年的0.042,0,中等收入地區以平均3.64%的減速從1988年的

0.041,6，下降為 2012 年的 0.017,6。以上分析結果說明，無論是較低收入地區、中等收入地區還是高收入地區，農村居民教育公平水準均表現為遞增的趨勢，較高收入地區及中等收入地區內部，農村居民教育公平程度較高，且隨著時間的推移，並不斷提高。較低收入地區內部，雖然教育公平水準提高較快，但是仍然低於其他兩組及總體水準。

從農村居民收入差異三大地區教育基尼系數的區間、區內及交錯項對省際基尼系數總體水準的貢獻來看，區間基尼系數貢獻最大，其次是區內基尼系數，交錯項基尼系數貢獻最小，且各自貢獻度呈不一致的變動特徵。區間基尼系數的貢獻度在個別年份波動明顯的情況下，慢速下降；區內基尼系數的貢獻度也出現了個別年份波動明顯的情況，但其以高於區間基尼系數的速度下降。由此說明，基於農村居民收入差異分區的區間教育基尼系數決定省際教育基尼系數的總體水準，區內教育基尼系數對省際教育基尼系數總體水準也有一定的影響，儘管這兩組因素的影響逐步降低，但各自的影響地位不變。同時區內教育基尼系數貢獻度較低，區間教育基尼系數貢獻度較高，說明收入水準相似地區間教育公平程度較高，而收入水準差異較大區域間教育公平程度較低，由此進一步表明農村居民教育公平程度與收入水準差異程度密切相關。

二、農村居民教育投入意願差異的區域分解

在中國，小學及初中階段屬義務教育的範疇，農村居民完成該階段教育投入成本較低，教育投入意願對這一階段教育實現的影響較小；而對於義務教育範圍之外的中等及高等教育，投入成本較高，教育投入意願直接決定了該階段的實現水準。因此在一定的收入水準下，義務教育階段以上的受教育狀況，取決於農村居民的教育投入意願，教育投入意願強的農村居民，其受教育水準較高；投入意願弱的，受教育水準就較低。中國各地由於存在明顯的經濟、地理、文化差異，農村居民對教育的認識差異較大，教育投入意願差異明顯。如果以農村居民人均教育支出代表教育投入意願，利用 1997—2012 年農村居民教育投入數據，採用聚類分析的方法，將 31 個省（直轄市、自治區）按教育投入意願強弱分為教育投入意願較

強、中等和較弱①三大地區，1997 年以來，教育投入意願較強地區人均教育支出是較弱地區的 3.5 倍左右，是中等地區的 2 倍左右。那麼農村居民教育投入意願的差異是否會影響教育省際公平水準？不同教育投入意願強弱區域間及同一強弱區內農村居民教育公平水準如何？本書以教育投入意願差異三大地區為分區基礎，再根據公式（3-3）（3-4）（3-5）（3-6）（3-7）計算出各區間、區內的教育基尼系數及對教育省際基尼系數的貢獻程度，以此說明農村教育省際公平按教育投入意願分區的分解情況，結果如表 3-2。

表 3-2 教育投入意願差異區區際、區內、交錯項教育基尼系數及其貢獻系數

年份	G_{1e}	G_{2e}	G_{3e}	G_{Ae}	G_{Be}	G_{Ce}	R_{Ae}	R_{Be}	R_{Ce}
1988	0.062,3	0.050,5	0.085,9	0.052,2	0.015,1	0.047,4	0.455,2	0.131,5	0.413,3
1989	0.064,3	0.049,3	0.085,2	0.050,5	0.015,0	0.047,1	0.448,6	0.132,9	0.418,5
1990	0.058,5	0.042,8	0.086,4	0.054,3	0.013,2	0.043,9	0.487,8	0.118,2	0.394,0
1991	0.064,0	0.035,6	0.089,2	0.044,4	0.012,1	0.044,9	0.438,0	0.118,5	0.443,3
1992	0.060,1	0.035,4	0.083,1	0.044,2	0.011,7	0.043,0	0.446,7	0.118,3	0.435,0
1993	0.058,4	0.033,0	0.080,3	0.040,2	0.011,1	0.041,5	0.433,0	0.119,4	0.447,6
1994	0.058,4	0.032,8	0.079,6	0.039,4	0.011,0	0.041,6	0.427,7	0.119,9	0.452,3
1995	0.056,3	0.031,3	0.073,7	0.038,7	0.010,6	0.038,9	0.439,1	0.119,7	0.441,2
1996	0.050,4	0.027,2	0.072,6	0.035,0	0.009,5	0.039,2	0.419,1	0.111,2	0.469,7
1997	0.049,3	0.022,8	0.114,3	0.051,8	0.008,5	0.022,3	0.626,8	0.102,9	0.270,3
1998	0.051,9	0.021,1	0.110,4	0.051,1	0.008,3	0.021,5	0.632,1	0.102,5	0.265,4
1999	0.050,1	0.022,7	0.108,3	0.051,0	0.008,5	0.021,3	0.631,5	0.104,8	0.263,7
2000	0.043,1	0.017,4	0.111,4	0.047,6	0.007,0	0.022,9	0.614,5	0.089,8	0.295,7
2001	0.043,3	0.017,4	0.080,6	0.041,4	0.006,1	0.016,9	0.636,7	0.103,9	0.259,4
2002	0.046,7	0.016,8	0.106,2	0.048,2	0.007,0	0.020,9	0.633,0	0.092,3	0.274,7
2003	0.046,8	0.016,3	0.099,1	0.047,0	0.006,5	0.019,5	0.640,9	0.093,8	0.265,3
2004	0.048,9	0.018,3	0.095,1	0.044,2	0.007,4	0.019,8	0.619,2	0.103,4	0.277,4

---

① 意願較強地區：浙江、上海、北京、江蘇；意願中等地區：江西、湖北、湖南、陝西、廣東、山西、山東、內蒙古、黑龍江、遼寧、福建、吉林、天津；意願較弱地區：西藏、貴州、海南、新疆、廣西、青海、雲南、甘肅、四川、河南、河北、寧夏、安徽、重慶。

表3-2(續)

年份	G_{1e}	G_{2e}	G_{3e}	G_{Ae}	G_{Be}	G_{Ce}	R_{Ae}	R_{Be}	R_{Ce}
2005	0.049,6	0.021,7	0.099,7	0.045,9	0.008,1	0.020,7	0.614,2	0.108,8	0.277,0
2006	0.049,0	0.020,9	0.095,5	0.044,8	0.007,9	0.019,7	0.618,8	0.109,0	0.272,2
2007	0.048,5	0.018,5	0.096,9	0.045,8	0.007,4	0.019,9	0.627,0	0.101,0	0.272,0
2008	0.047,4	0.019,3	0.096,7	0.045,5	0.007,5	0.020,0	0.623,7	0.102,3	0.274,0
2009	0.049,2	0.018,4	0.094,1	0.045,4	0.007,4	0.019,4	0.629,6	0.102,2	0.268,3
2010	0.047,1	0.017,5	0.091,4	0.044,1	0.007,0	0.018,6	0.632,6	0.100,1	0.267,2
2011	0.053,0	0.016,7	0.078,5	0.036,3	0.007,2	0.016,7	0.602,8	0.119,7	0.277,4
2012	0.052,2	0.017,4	0.078,6	0.036,4	0.007,3	0.016,6	0.602,9	0.121,2	0.275,9

註：G_{1e}、G_{2e}、G_{3e}分別表示意願較高地區、意願中等地區及意願較低地區區內農村居民教育基尼系數；G_{Ae}、G_{Be}、G_{Ce}分別表示三個地區的區間、區內及交錯項的基尼系數；R_{Ae}、R_{Be}、R_{Ce}分別表示區間、區內及交錯項對省際總體教育基尼系數的貢獻系數

從農村居民教育投入意願差異區區內的教育基尼系數來看，教育投入意願較弱區區內教育基尼系數1997年以來，保持大於教育省際基尼系數總體的高位水準，且呈現震盪中緩慢下降的趨勢，從1988年的0.085,9下降為2012年的0.078,6，1997—1999年上升到超過0.1的高位水準；教育投入意願較高地區和中等地區教育基尼系數保持低於省際總體的低位水準，但兩者的變化趨勢並不一致，意願較高地區教育基尼系數在小幅下降後又緩慢回升，但仍然低於1988年的水準，而意願中等地區，呈連續快速下降趨勢。以上結果說明，不管是教育投入意願中等地區、較高地區還是較低地區，農村居民教育公平水準均表現為遞減的特徵，教育投入意願中等地區內部農村居民教育公平程度較高，且隨著時間的推移不斷提高。教育投入意願較高區域內部農村居民教育公平程度其次，且隨著時間的推移，有略微降低的趨勢；教育投入意願較低區域內部農村居民教育公平程度最低，並隨時間的推移在動盪中，略微提高。

從農村居民教育投入意願差異三大地區教育基尼系數的區間、區內及交錯項對省際教育基尼系數總體水準的貢獻來看，區間教育基尼系數貢獻最大，其次是交錯項基尼系數，區內基尼系數貢獻最小，且貢獻程度呈不一致的變動特徵。區間基尼系數由於1997年後增加了重慶這一省域樣本表

現為明顯的跳躍上升，之後一直保持在60%左右的貢獻水準；區內基尼系數的貢獻度並不受樣本增加的影響，其貢獻率在小幅波動中保持在10%左右的貢獻水準。由此說明，基於農村居民教育投入意願分區的區間教育基尼系數決定省際教育基尼系數的總體水準，同時區內教育基尼系數對省際教育基尼系數的總體水準影響微小。與收入分區的情況相比，區間貢獻更大，區內貢獻更小，且區間貢獻呈增加的趨勢，同時農村居民教育投入意願分區的區間教育基尼系數貢獻度較高，區內基尼系數貢獻度較低，說明農村居民教育投入意願差異較大的地區教育公平程度較低，而投入意願差異較小地區教育公平程度較高，由此進一步表明，農村居民省際教育公平程度受教育投入意願的影響較大，且大於收入水準的影響。

三、公共教育資源投入差異的區域分解

教育產品的供給數量、供給結構以及供給質量是決定農村居民教育獲得的重要決定性因素。供給數量是否充足決定了農村居民獲得該種教育產品的難易程度，供給結構是否符合農村居民的現實需求是農村居民獲得該種教育產品的動力來源，供給質量的高低決定了農村居民擁有的教育人力資本的質量。目前，教育產品的供給以政府為主體，其他為補充，而由於農村地區教育支付能力弱於城市，其可獲得的教育產品主要由政府提供，因此公共教育資源的提供水準直接決定了農村居民教育的水準。中國各省區之間由於在經濟發展水準上存在較大差異，而導致政府教育財政支付能力差異明顯，使中國各省區基礎教育階段的教育資源配置不均衡，再加上各級辦學歷史決定了教育資源配置的導向，更加強化了教育資源配置的不均衡性。以各省人均教育經費投入來衡量公共教育資源的情況，利用1997—2012年人均教育投入數據，採用聚類分析的方法，將31個省（直轄市、自治區）按公共教育資源豐裕程度分為資源豐裕地區、一般地區和

稀缺地區①。1997年以來，儘管各地區之間的差異逐漸縮小，但直到2012年教育資源豐裕地區的人均教育投入仍然是稀缺區的2.13倍，是一般地區的1.52倍。那麼公共教育資源的差異是否會影響省際教育公平程度？公共教育資源不同豐裕程度區域間及同一豐裕程度區內農村居民教育公平程度如何？本書以公共教育資源投入差異三大地區為分區基礎，再根據公式(3-3)(3-4)(3-5)(3-6)(3-7)計算出各區間、區內的教育基尼系數及對省際教育基尼系數的貢獻程度，以此說明農村教育省際公平按公共教育資源分區的分解情況，結果如表3-3。

表3-3 公共教育投入差異區區際、區內、交錯項教育基尼系數及其貢獻系數

年份	G_{1g}	G_{2g}	G_{3g}	G_{Ag}	G_{Bg}	G_{Cg}	R_{Ag}	R_{Bg}	R_{Cg}
1988	0.184,1	0.093,3	0.082,5	0.042,9	0.034,5	0.037,3	0.374,0	0.301,0	0.325,0
1989	0.186,4	0.089,6	0.080,1	0.043,4	0.033,9	0.035,2	0.386,3	0.301,0	0.312,7
1990	0.179,0	0.090,0	0.078,0	0.043,6	0.033,2	0.034,6	0.391,5	0.297,9	0.310,6
1991	0.186,0	0.079,6	0.069,0	0.040,7	0.030,9	0.029,8	0.401,8	0.305,0	0.294,0
1992	0.176,5	0.078,3	0.067,2	0.039,2	0.029,5	0.029,8	0.396,2	0.302,8	0.301,0
1993	0.172,8	0.074,1	0.060,2	0.035,7	0.028,2	0.028,9	0.384,6	0.303,6	0.311,8
1994	0.169,8	0.073,1	0.060,6	0.036,0	0.027,9	0.028,0	0.391,7	0.303,5	0.304,8
1995	0.162,5	0.068,4	0.060,3	0.034,4	0.026,9	0.026,9	0.390,0	0.304,7	0.305,3
1996	0.159,1	0.062,8	0.059,4	0.029,9	0.025,8	0.027,9	0.357,6	0.308,8	0.333,7
1997	0.170,7	0.059,2	0.058,6	0.027,8	0.025,5	0.029,2	0.336,2	0.310,3	0.353,4
1998	0.169,5	0.056,0	0.054,9	0.029,6	0.024,6	0.026,7	0.365,7	0.304,3	0.330,0
1999	0.168,0	0.053,6	0.056,3	0.030,1	0.024,4	0.026,3	0.372,8	0.302,0	0.325,2
2000	0.167,0	0.052,7	0.055,5	0.030,4	0.024,1	0.023,1	0.391,6	0.310,3	0.298,1
2001	0.099,2	0.051,9	0.054,1	0.026,1	0.020,1	0.018,8	0.401,4	0.308,9	0.289,7
2002	0.164,8	0.050,5	0.052,7	0.027,4	0.023,3	0.025,5	0.360,1	0.305,4	0.334,5
2003	0.152,0	0.050,0	0.051,7	0.028,5	0.022,4	0.022,5	0.388,2	0.304,9	0.306,8

---

① 公共教育資源豐裕地區：北京、上海、天津、浙江、西藏；公共教育資源一般地區：青海、新疆、寧夏、內蒙古、江蘇、陝西、遼寧、廣東、重慶、福建、吉林、山西；公共教育資源稀缺地區：海南、山東、雲南、江西、甘肅、安徽、貴州、四川、廣西、黑龍江、河南、湖南、湖北、河北。

表3-3(續)

年份	G_{1g}	G_{2g}	G_{3g}	G_{Ag}	G_{Bg}	G_{Cg}	R_{Ag}	R_{Bg}	R_{Cg}
2004	0.141,7	0.050,8	0.051,5	0.029,2	0.021,9	0.020,2	0.409,3	0.307,1	0.283,5
2005	0.157,6	0.051,1	0.047,5	0.032,7	0.022,3	0.019,8	0.437,5	0.297,8	0.264,8
2006	0.153,0	0.050,6	0.045,8	0.031,1	0.021,7	0.019,6	0.429,4	0.299,7	0.270,9
2007	0.154,4	0.049,9	0.046,7	0.032,9	0.021,8	0.018,5	0.450,0	0.298,6	0.251,4
2008	0.154,8	0.051,3	0.044,9	0.033,3	0.021,8	0.017,8	0.457,1	0.298,7	0.244,2
2009	0.155,5	0.049,3	0.044,4	0.034,1	0.021,5	0.016,6	0.471,8	0.297,6	0.230,7
2010	0.151,7	0.048,5	0.042,2	0.032,6	0.020,9	0.016,3	0.467,5	0.299,2	0.233,3
2011	0.136,2	0.036,9	0.039,8	0.028,0	0.018,0	0.014,2	0.464,1	0.299,6	0.236,2
2012	0.136,0	0.038,1	0.038,0	0.028,0	0.018,0	0.013,8	0.473,7	0.297,8	0.228,5

註：G_{1g}、G_{2g}、G_{3g}分別表示公共教育資源豐裕程度分為資源豐裕地區、一般地區和稀缺地區區內農村居民教育基尼系數；G_{Ag}、G_{Bg}、G_{Cg}分別表示三個地區的區間、區內及交錯項的基尼系數；R_{Ag}、R_{Bg}、R_{Cg}分別表示區間、區內及交錯項對省際總體教育基尼系數的貢獻系數

從公共教育資源差異區區內的教育基尼系數來看，公共教育資源豐裕區內農村居民教育基尼系數保持大於省際總體的高位水準，並以1.3%的平均速度緩慢下降，公共教育資源一般地區及稀缺地區內農村居民教育基尼系數不管是在水準還是在趨勢上都保持一致，兩者都處在低於省際總體的低位水準，且以3%左右的速度快速下降，但兩個地區內基尼系數表現出在不同的時間段內交錯大於另一地區的特徵。以上分析結果說明，公共教育資源豐裕區教育公平程度低於一般地區及稀缺地區，一般地區與稀缺地區教育公平程度基本處於同一水準，公共教育資源豐裕地區公平程度不僅較低，而且提高速度較慢；一般地區及稀缺地區區內的教育公平程度不僅較豐裕地區高，且提高速度也較快。

從公共教育資源豐裕差異三大地區教育基尼系數的區間、區內及交錯項對省際教育基尼系數總體水準的貢獻來看，區間基尼系數貢獻最大，區內基尼系數與交錯項基尼系數貢獻程度基本相同，且均呈下降的趨勢，但是區間基尼系數的貢獻小於按收入差異分區及教育投入意願差異分區的區間基尼系數的貢獻，而區內基尼系數的貢獻大於按收入差異分區及教育投入意願差異分區的區內基尼系數的貢獻。由此說明，基於公共教育資源豐

裕差異分區的區間教育基尼系數決定省際教育基尼系數的總體水準，其決定程度低於其他兩種分區方式。區內基尼系數對省際教育基尼系數有重大影響，區間影響力不斷增強，區內影響力不斷減弱。同時區間及區內教育基尼系數對省際教育基尼系數的貢獻差異說明，教育資源差異較大地區間教育公平程度較低，但略高於其他兩種分區方式下教育區間公平水準，教育資源差異較小地區內教育公平程度較高，但低於教育投入意願差異較小地區內教育公平水準，由此進一步表明，農村居民省際教育公平程度受教育公共教育資源豐裕程度的影響較大，但小於收入水準及家庭教育投入意願的影響。

第四節　結論與政策含義

一、研究結論

通過對中國農村居民省際及省域內教育基尼系數的測算和區域分解，可以得出以下結論：

第一，農村居民省內教育公平水準逐步提高，各省教育公平差異逐漸向高水準趨同，目前大多數省份農村教育公平水準已處於合理範圍內。各省內農村居民受教育水準因其收入水準、教育資源分佈狀況、教育投入意願的不同而有所差異實屬必然，只要將這一差異控制在合理範圍內，並不會產生較大的負面影響。儘管1988年大部分省份農村居民教育公平水準接近不合理，且還有部分省份嚴重超出合理範圍，但至2012年不但所有省份農村居民教育公平水準提高到合理範圍之內，而且大多數省份都處於較高的公平水準。

第二，在較低的受教育水準下，農村居民教育省際公平水準不但逐年提高，且一直都處於較高的公平區間，相比於省內教育公平水準，省際公平水準更高。在農村居民省際教育公平水準逐年提高的情況下，2012年省

際教育基尼系數降低為0.05，即使在1988年也只有0.12，而2012年全國所有地區農村居民教育省內平均基尼系數達到0.18，1988年更高。

第三，農村居民教育省際公平程度與收入水準密切相關。收入水準決定農村居民對教育產品的支付能力，收入水準越高，支付能力越強，受教育水準也會相應提高。根據按收入分區的基尼系數分解結果，在較高收入地區，農村居民教育省際公平水準較高，而在較低收入地區，教育省際公平程度較低。

第四，教育投入意願是決定農村居民教育省際公平水準的內在因素。農村居民教育產品的獲得受控於教育投入意願，特別是義務教育範圍外的中等及高等教育的獲得取決於投入意願的強弱。投入意願越強，教育實現的水準越高，反之則越低。根據按教育投入意願分區的基尼系數的分解結果，投入意願較強地區農村居民教育公平程度較高，而投入意願較弱地區公平程度較低。

第五，公共教育資源投入差異是影響農村居民教育省際公平水準的外在約束條件。公共教育資源投入與農村地區教育產品的供給密切相關，公共教育資源投入水準越高，教育產品供給相對充裕，相反則相對不足。根據按公共教育資源分區的基尼系數的分解結果，公共教育資源相對豐裕地區農村居民教育省際公平水準較低，而相對稀缺地區公平水準則較高，這說明公共教育資源投入較高的地區投入差異更大，造成公平水準更低。隨著教育公平政策的推進，省域間公共教育投入的差距越來越小，公共教育資源充裕地區與稀缺地區人均教育投入比逐年下降，從1988年的3.42倍下降為2012年的2.13倍，與農村居民教育省際公平保持一致的變動趨勢。

二、政策含義

以上分析及結論對農村居民教育公平的推進有以下幾方面的政策含義：

第一，應對農村居民教育公平問題給予更多的關注。中國農村居民教育省際及省內教育基尼系數儘管都在合理範圍內，但其一方面源於農村居民受教育水準較低，各省平均受教育年限基本都在9年義務教育範圍以內，

另一方面省際差異反應的是平均水準，未能反應受教育水準最高和最低省份之間的差異，同時本文採用是受教育年限作為計算的基礎，反應的是教育數量上的公平情況，而教育質量的公平情況未包含在內。提高農村居民受教育水準和教育公平程度都應受到高度重視，並在提高受教育水準的基礎上，提高教育公平程度。

第二，農村居民教育公平水準的提高依賴於收入差距的縮小和公共教育資源的均衡配置。根據基尼系數的分解結果可知，收入水準以及教育資源的配置差異對農村居民教育公平水準有較大影響，收入水準的高低影響農村居民對教育產品的支付能力，公共資源提供水準影響農村居民教育產品的供給水準。收入差距的縮小及公共教育資源的配置均衡無疑會提高農村居民教育公平水準。在收入水準較低及公共教育資源較為稀缺地區應當給予適當的傾斜，使農村居民在收入和教育資源增加中提高受教育水準和教育公平水準。

第三，提高農村居民教育投入意願是提高農村居民教育公平水準的有效途徑。從教育基尼系數的分解結果可知，教育投入意願的差異對農村居民教育省際公平差異影響最大，在農村居民教育投入意願較低的地區內部農村居民教育公平水準最低，而在較高和中等地區內部公平水準較高。可見，提高農村居民教育投入的積極性，增加有效的個人教育投入可以提高農村居民的教育水準，以達到提高教育公平水準的目的。

第四章 城鎮居民教育公平的測度

教育平等包括准入的平等、過程的平等、輸出的平等、結果的平等。

——法雷利（J. B. Farrell）[①]

改革開放以來，中國教育規模不斷擴大，城鎮居民受教育水準不斷提高，但是經濟擇校、關係擇校等教育公平問題卻愈演愈烈。那麼目前城鎮教育公平狀況如何？城鎮教育發生了怎樣的變化？學者們對這些問題進行了研究，梁雪峰、喬天文（2006）利用哈爾濱市的調研數據，對城鎮家庭背景與教育機會的關係進行了研究，認為不同家庭背景學生的教育機會存在較大差異，家庭背景越好的學生，其享受優質教育的機會越大。付堯（2011）利用中科院經濟研究所「中國城鄉居民收入分配」課題組 2002 年入戶抽樣調查數據，採用工資指數法分析各省城鎮地區義務教育人員投入的差距，認為不同經濟發展地區的學生獲得的義務教育人員投入存在較大差距，經濟發展水準越高，該地區學生獲得義務教育人員投入更多。已有的研究主要是基於教育機會的視角對城鎮教育公平狀態進行的評估，為從不同內涵及不同維度上研究中國城鎮教育公平的狀況及演變趨勢奠定了基礎。城市作為經濟發展的重要區域，教育發展水準和教育公平狀況不僅對城市發展有重要影響，而且對整個社會經濟文化發展都具有重大影響，而

[①] 法雷利. 發展中國家的社會平等與教育擴張 [M]. 張斌賢，等譯. 重慶：西南師範大學出版社，2006：489.

只有較少研究關注城鎮教育公平狀況的評估。基於這一研究現狀，本文以教育結果公平為研究視角，從省內公平及省際公平兩個維度對城鎮居民①教育公平的狀況及演變趨勢進行測度，並根據影響教育獲得的收入約束因素、家庭因素及公共教育投入因素將 31 個省（自治區、直轄市）進行分區，對城鎮居民教育公平進行區域分解，期望從時間和空間兩個維度對城鎮居民教育公平的狀況及演變作出判斷，探尋演變特徵的成因。

第一節　城鎮居民教育公平測度及分解方法

由於教育基尼系數在衡量時間序列各國家或地區間教育公平發展變化程度上更為有效，因而與分析農村居民教育公平一樣，採用人均受教育年限計算教育基尼系數來衡量城鎮居民教育公平的程度及變化趨勢，具體方法如下：

一、城鎮居民教育公平測度方法

1. 城鎮居民教育省內公平測度方法

對於城鎮居民教育省內公平的測度使用的是中國綜合社會調查（CGSS）中 2003、2005、2006、2008、2010、2011、2012、2013 年②的數據。本書將樣本數據中樣本的受教育程度重新改成五級分組形式（文盲或半文盲③、小學程度、初中程度、高中或中專程度④、大專以上⑤），根據基尼系數是洛倫茨曲線圖中不平等面積與完全不平等面積的比值，推導出

---

① 本書研究的城鎮居民是指戶籍為非農的居民。
② 本書使用數據均來自 CGSS 項目，該調查項目為中國第一個具有綜合性和連續性的大型社會調查項目，由中國人民大學中國調查與數據中心負責執行。
③ 包含 CGSS 數據中的私塾和未受過任何教育。
④ 包含 CGSS 數據中的普通高中、職業高中、中專、技校。
⑤ 包含 CGSS 數據中的大學專科（成人高等教育）、大學專科（正規高等教育）、大學本科（成人高等教育）、大學本科（正規高等教育）、研究生及以上。

計算各省教育基尼系數的公式：

$$G = 1 - \sum_{i=1}^{5}(W_{i-1} + W_i) \cdot P_i \tag{4-1}$$

公式（4-1）中，G 代表某省城鎮居民教育省內基尼系數，P_i 代表每組人口數量占總人口數量的比重，W_i 代表累計到第 i 組受教育年限占所有組受教育年限比。對於每組代表的受教育年限，本書借鑑孫百才（2014）和張航空（2013）的方法，分別將文盲或半文盲組、小學程度組、初中程度組、高中或中專程度組、大專以上組的受教育年限定義為 0 年、6 年、9 年、12 年、16 年。

2. 城鎮居民教育省際公平測度方法

對於城鎮居民教育省際公平的測算使用的是根據 CGSS 數據處理後的各省份人均受教育年限數據，本文將各省份人均受教育年限數據從小到大進行排序，將每個省份視作一個分組單位，同樣根據基尼系數的定義推導出計算各省間教育基尼系數的公式：

$$G = 1 - \sum_{i=1}^{n}(W_{i-1} + W_i) \cdot P_i \tag{4-2}$$

公式（4-2）中，n 代表省份的個數，G 代表某年城鎮居民教育省際基尼系數，P_i 代表每組人口數量占總人口數量的比重，W_i 代表累計到第 i 組受教育年限占所有組受教育年限比。

二、城鎮居民教育公平的區域分解法

根據 Yao. S（1999）提供的基尼系數區域分解法，將 n 個省份按一定的特徵劃分為 K 個區，設 G_A、G_B、G_C 分別為 K 個區的區際、區內及交錯項的基尼系數，R_A、R_B、R_C 分別為區際、區內及交錯項基尼系數對總基尼系數的貢獻率，則城鎮居民基尼系數可以分解為：

$$G = G_A + G_B + G_C \tag{4-3}$$

公式（4-3）中，$R_A = G_A/G$，$R_B = G_B/G$，$R_C = G_C/G$。

如果對 K 個區按平均受教育年數進行從小到大的排列，將每個區視為一個分組單位，假設第 j 個區城鎮居民人口占 K 個區總人口的比重為 P_j，

累計到第 j 組受教育年限占所有組受教育年限比為 W_j，則 K 個區之間的教育基尼系數為：

$$G_A = 1 - \sum_{j=1}^{K} (W_{j-1} + W_j) \cdot P_j \qquad (4-4)$$

假設第 j（$j=1,2\cdots K$）個區含有 M 個省，對 M 個省按平均受教育年數進行從小到大的排列，將每個省視作為一個分組單位，第 m（$m=1,2\cdots M$）個省的人口數占 M 個省人口總數的比例為 P_{jm}，累計到第 m 組受教育年限占 j 區內所有組受教育年限比為 W_{jm}，則 j 個區內各省的教育基尼系數為：

$$G_j = 1 - \sum_{m=1}^{M} (W_{j(m-1)} + W_{jm}) \cdot P_{jm} \qquad (4-5)$$

假設第 j 個區城鎮居民受教育年數占 K 個區總年數的比重為 E_j，根據 Yao 對區內基尼系數的推理，則 K 個區內的教育基尼系數以及交錯項的基尼系數為：

$$G_B = \sum_{j=1}^{K} P_j \cdot E_j \cdot G_j \text{①} \qquad (4-6)$$

$$G_C = G - G_A - G_B \qquad (4-7)$$

第二節　城鎮居民教育省內及省際公平的測度、演變及特徵

根據公式（4-1）使用 CGSS2003—2015 年處理後的受教育程度五級分組的統計數據計算出 25 個省（直轄市、自治區）② 2003—2015 年城鎮教育基尼系數，以反應中國各省內部城鎮居民教育公平情況。

---

① 引用 V. M. Rao（1969）的基尼系數分解公式。
② 調研的 25 個省（直轄市、自治區）包括河北省、山西省、遼寧省、吉林省、黑龍江省、陝西省、甘肅省、山東省、福建省、浙江省、河南省、湖北省、江西省、江蘇省、安徽省、廣東省、四川省、貴州省、雲南省、北京市、天津市、上海市、重慶市、廣西壯族自治區。

一、城鎮居民教育省內公平的演變

為揭示各省內部城鎮居民教育公平的動態變化特徵，本文利用非參數估計模型中的核估計方法，估計每年 25 個省（直轄市、自治區）城鎮教育基尼系數的密度函數。為了簡化分析，選擇在密度函數圖形具有代表性特徵的 2003 年、2005 年、2010 年、2013 年和 2015 年五個年份進行估計，在估計過程中以高斯函數為密度函數。圖 4.1 為 25 個省市不同年份的 Kernel 密度圖，橫軸表示教育基尼系數，縱軸為密度。該圖解釋了中國城鎮居民省內教育公平的演進狀況，特徵如下：

（1）從密度函數圖的位置變化來看，2003—2015 年，中國城鎮居民教育省內基尼系數密度函數分佈曲線並未發生較顯著的變化，表明各省城鎮居民教育基尼系數變化不顯著，說明各省城鎮居民教育公平程度雖然未明顯惡化，但也未得到較明顯的改善。

（2）從密度函數圖的峰度變化來看，中國城鎮居民教育省內基尼系數密度函數分佈曲線在 2003—2015 年，出現了在寬峰形與尖峰形之間頻繁變化的特徵，2003 年—2005 年由尖峰變為寬峰，2005 年—2010 年由寬峰變為尖峰，2010 年—2013 年又由尖峰變為寬峰，2013 年—2015 年又由寬峰變為尖峰。以上變化表明各省城鎮居民教育基尼系數波動較大，說明各省城鎮居民教育公平程度不穩定。

（3）從密度函數圖的形狀變化來看，中國省域內城鎮居民教育基尼系數密度函數分佈曲線在 2003—2015 年，表現為單峰向雙峰轉變的趨勢。以上變化表明各省域內城鎮居民教育基尼系數變化的類型經歷了「單峰—雙峰—單峰—雙峰」交替變化的過程，說明各省城鎮居民教育公平程度在波動時，表現出向多方發散的特徵。

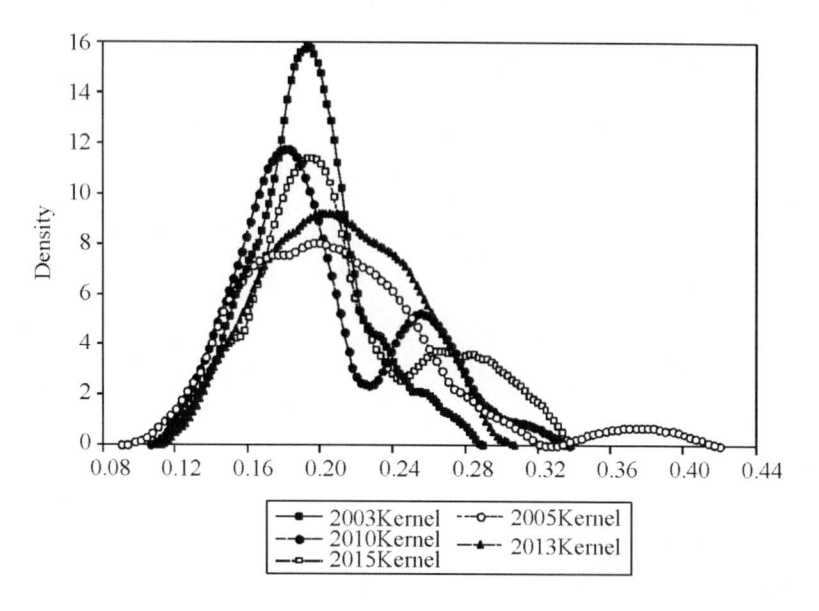

圖 4.1 省域內城鎮居民教育基尼系數密度函數

二、城鎮居民教育省內公平的區域特徵

借鑑聯合國有關組織對收入基尼系數的分段劃分標準①，對 25 個省（直轄市、自治區）城鎮居民教育基尼系數的大小進行區域劃分，中國城鎮居民教育省內公平的區域特徵表現如下：

1. 中國城鎮居民教育省內公平狀況不具有明顯的經濟差異地域性特徵。2003 年，城鎮居民教育公平程度較低地區（教育基尼系數大於 0.2）既包含經濟發展水準較低的西部地區的甘肅、重慶、四川、雲南，也包含經濟發展水準中等的中部地區的江西和山西以及經濟發展水準較高的東部地區的河北、山東、福建。2015 年，在城鎮居民教育不公平狀況整體惡化的情況下，不公平狀況居於高位的仍然既有經濟發展水準較低的西部地區的甘肅、重慶、四川、貴州、陝西，也包含經濟發展水準中等的中部地區的湖南、湖北、安徽、江西、吉林和經濟發展水準較高的東部地區的浙

---

① 0.2 以下表示收入絕對平均，0.2~0.3 表示比較平均，0.3~0.4 表示相對合理，0.4~0.5 表示差距較大，0.5 以上表示差距懸殊。

江、江蘇、福建。

2. 城鎮居民教育公平程度的變化呈現兩極分化的區域特徵。安徽、北京、重慶、福建、甘肅、貴州、河南、湖北、湖南、江蘇、江西、吉林、遼寧、陝西、四川、浙江 16 省（直轄市）地區城鎮居民教育公平程度惡化，重慶尤為突出，其城鎮居民教育基尼系數提高了近 0.08；廣東、廣西、河北、黑龍江、山東、上海、山西、天津及雲南 9 省（直轄市、自治區）地區城鎮居民教育公平程度改善，山西更為突出，其城鎮居民教育基尼系數降低了近 0.04。

三、城鎮居民教育省際公平的測度及演變

利用 CGSS 中提供的各省（直轄市、自治區）城鎮居民受教育程度分組的統計數據，將文盲或半文盲組、小學程度組、初中程度組、高中或中專程度組、大專以上組的受教育年限定義為 0 年、6 年、9 年、12 年、16 年，計算出 2003—2015 年各省（直轄市、自治區）平均受教育年限數據，再利用公式（4-2）計算出 2003—2015 年城鎮居民教育省際基尼系數，以反應中國城鎮居民教育省際公平情況。根據計算的城鎮居民教育省際基尼系數，繪製出反應省際公平程度的變動圖，如圖 4.2。

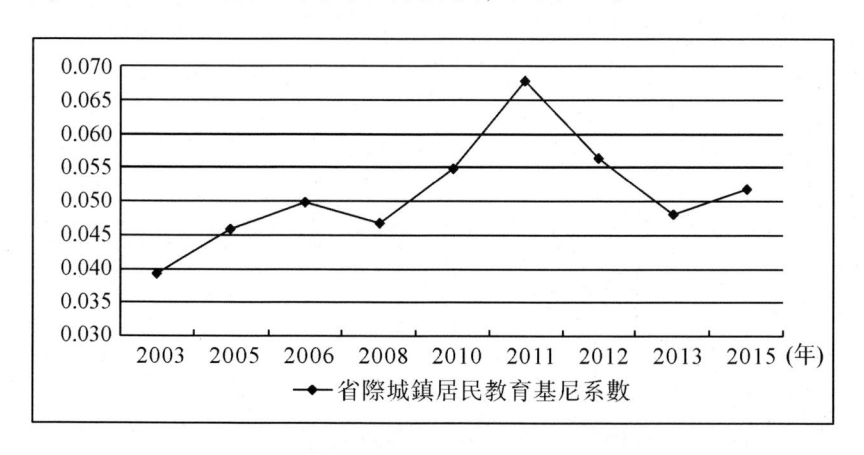

圖 4.2 省際城鎮居民教育公平演變

根據圖 4.2 的趨勢可知，2003—2015 年中國城鎮居民教育省際公平程度發生較大變化，表現出較明顯的變動特徵：

（1）城鎮居民省際教育基尼系數起點低，總體水準較低。儘管歷年各省城鎮居民平均受教育水準均在 10 年左右，只有 2010 年、2011 年、2013 年達到 11 年，其他年份均處在 10~11 年之間，各省城鎮居民平均受教育水準不低但各省間差距不大，2003 年城鎮居民省際教育基尼系數不到 0.04，表明城鎮居民省際教育基尼系數起點低，歷年城鎮居民省際教育基尼系數的平均值也只有 0.05，表明城鎮居民省際教育基尼系數的總體水準也較低，說明城鎮居民省際教育的教育公平程度不低。

（2）城鎮居民省際教育基尼系數總體上呈上升的趨勢，且具有一定階段性波動的特徵。儘管各省間城鎮居民教育的差距較小，但隨著經濟的發展和教育水準的提高，地區間由於經濟及政策差異的推動，城鎮居民平均受教育水準在變化的過程中呈現了地區的差異性，這種地區差異性在不同年份又表現出不同的特徵。2015 年城鎮居民教育省際基尼系數比 2003 年高出 0.013，表明總體上城鎮居民教育省際基尼系數呈上升的趨勢，2003—2011 年城鎮居民教育省際基尼系數一路上升，除 2008 年略有下降外，2011—2013 年一路下降，2015 年又開始回升，表明城鎮居民省際教育基尼系數在上升的趨勢下，有波動的特徵，說明城鎮居民省際的教育公平程度在波動中有所惡化。

第三節　城鎮居民教育省際公平的分解

中國各省份城鎮地區不僅在經濟社會發展條件方面存在較大差異，而且在收入水準、公共教育資源及家庭教育投入等方面也都存在較為顯性的差異特徵。城鎮居民受教育程度不僅與公共教育資源緊密相關，還受城鎮居民收入水準和教育投入意願的約束，各省間城鎮居民受教育程度的差異無不與這些因素相關，因此本文以這些與城鎮居民受教育程度緊密相關的

因素為區分標準將 25 個省（直轄市、自治區）劃分成不同類型的區域，利用這些區域的相關數據對城鎮居民省際教育公平進行分解，可以觀測到在不同劃分標準下，同一區域不同省份之間和不同區域間教育公平程度，以及各自對城鎮居民教育省際公平的貢獻，並由此探尋省際城鎮居民教育公平的主要影響因素。

一、收入水準差異的分解

收入水準是城鎮居民教育需求實現的基礎，是城鎮居民教育水準提高的支撐。具有較高收入水準的城鎮居民，通常具有較強的受教育的慾望，且具有有效的教育投資行動；而較低收入水準的城鎮居民，收入瓶頸不但會遏制其教育投資行動，而且會收縮其受教育的慾望，因此收入水準的高低在一定程度上會影響城鎮居民受教育的水準。那麼城鎮居民省際教育公平水準是否受收入差異的影響？不同收入水準等級區域間及同一收入水準區域內城鎮居民教育公平水準如何？本書利用 CGSS 2003—2015 年城鎮居民收入數據，採用聚類分析的方法，將 25 個省（直轄市、自治區）按收入等級劃分為較高收入地區、中等收入地區和較低收入地區①，再根據式（4-3）（4-4）（4-5）（4-6）（4-7）計算出各區間、區內的教育基尼系數及對省際教育基尼系數的貢獻程度，以此說明城鎮省際教育公平按收入水準分區的分解情況，結果如表 4-1。

表 4-1　收入差異三大區區際、區內、交錯項教育基尼系數及其貢獻系數

年份	G_{1y}	G_{2y}	G_{3y}	G_{Ay}	G_{By}	G_{Cy}	R_{Ay}	R_{By}	R_{Cy}
2003	0.044,8	0.011,5	0.031,0	0.022,9	0.009,3	0.006,9	0.586,4	0.237,3	0.176,3
2005	0.051,1	0.017,6	0.049,9	0.023,0	0.013,9	0.009,1	0.500,3	0.301,9	0.197,9
2006	0.038,1	0.040,9	0.039,5	0.019,0	0.012,8	0.018,2	0.380,0	0.256,1	0.363,9
2008	0.009,4	0.032,8	0.047,3	0.022,5	0.012,5	0.012,0	0.478,1	0.266,7	0.255,2

---

① 較高收入地區：北京、浙江、上海；中等收入地區：天津、江蘇、廣東、福建、山東；較低收入地區：安徽、甘肅、廣西、貴州、河北、河南、黑龍江、湖北、湖南、吉林、江西、遼寧、山西、陝西、四川、雲南、重慶。

表4-1(續)

年份	G_{1y}	G_{2y}	G_{3y}	G_{Ay}	G_{By}	G_{Cy}	R_{Ay}	R_{By}	R_{Cy}
2010	0.048,5	0.049,3	0.063,5	0.017,9	0.019,2	0.017,9	0.324,8	0.348,9	0.326,2
2011	0.034,5	0.015,8	0.078,3	0.014,5	0.019,5	0.034,0	0.213,4	0.286,1	0.500,5
2012	0.031,1	0.047,3	0.073,1	0.012,9	0.020,3	0.022,7	0.230,8	0.363,3	0.406,0
2013	0.029,3	0.034,2	0.047,0	0.014,2	0.013,7	0.020,2	0.294,9	0.285,2	0.419,9
2015	0.034,2	0.042,7	0.047,9	0.018,4	0.014,5	0.019,0	0.354,7	0.279,6	0.365,7

註：G_{1y}、G_{2y}、G_{3y}分別表示高收入地區、中等收入地區及低收入地區組內城鎮居民教育基尼系數；G_{Ay}、G_{By}、G_{Cy}分別表示三個地區的區間、區內及交錯項的基尼系數；R_{Ay}、R_{By}、R_{Cy}分別表示區間、區內及交錯項對省際總體教育基尼系數的貢獻系數

從城鎮居民收入水準差異區區內的教育基尼系數來看，2003—2015年，收入較低地區區內教育基尼系數保持大於省際總體的高位水準，且呈現波動中上升的趨勢，從2003年的0.031,0上升為2015年的0.047,9，2011年達到0.078,3的最高值，之後逐步下降，至2013穩定在0.047的水準；中等收入地區及較高收入地區區內教育基尼系數保持低於省際總體的低位水準，較高收入地區區內教育基尼系數在波動中呈緩慢下降趨勢，從2003年的0.044,8下降為2015年的0.034,2，中等收入地區區內教育基尼系數在波動中呈上升的趨勢，從2003年的0.011,5上升為2015年的0.042,7。以上分析結果說明，較低收入及中等收入地區，城鎮居民教育公平水準均表現為遞減的趨勢，較高收入地區城鎮居民教育公平水準均表現為遞增的趨勢，較高收入地區內部城鎮居民教育公平程度較高，且隨著時間的推移，並不斷提高；較低收入地區及中等收入地區內部，教育公平程度相對較低，且隨著時間的推移不斷降低。

從城鎮居民收入差異三大地區教育基尼系數的區間、區內及交錯項對省際基尼系數總體水準的貢獻來看，區間基尼系數貢獻最大，其次是交錯項基尼系數，區內基尼系數貢獻最小，且各自貢獻度呈不一致的變動特徵。區間基尼系數的貢獻度在2003—2010年呈下降趨勢，2011—2015年快速上升，2015年的貢獻達到35.47%，但仍小於2003年的58.64%；區內基尼系數的貢獻度在較小波動下略有上升。由此說明，基於城鎮居民收

入差異分區的區間教育基尼系數決定省際教育基尼系數的總體水準，區內教育基尼系數對省際教育基尼系數總體水準也有一定的影響，且區間的貢獻逐步下降，區內的影響基本穩定。同時區內教育基尼系數貢獻度較低，區間教育基尼系數貢獻度較高，說明收入水準相似地區間教育公平程度較高，而收入水準差異較大區域間教育公平程度較低，由此進一步表明城鎮居民教育公平程度與收入水準差異程度密切相關。

二、教育投入意願差異的分解

城鎮居民完成義務階段教育投入成本較低，教育投入意願對這一階段教育實現的影響較小，而對於義務教育範圍之外的中等及高等教育，投入成本較高，教育投入意願直接決定了該階段的實現水準。因此在一定的收入水準下，義務教育階段以上的受教育狀況，取決於城鎮居民的教育投入意願，教育投入意願強的城鎮居民，其受教育水準較高，投入意願弱的城鎮居民，其受教育水準就較低。中國各地由於存在明顯的經濟、地理、文化差異，城鎮居民對教育的認識差異較大，教育投入意願差異明顯。如果以城鎮居民人均教育支出代表教育投入意願，利用2003—2015年城鎮居民教育投入數據，採用聚類分析的方法，將26省（直轄市、自治區）[①] 按教育投入意願強弱分為教育投入意願較強、中等和較弱三大地區[②]，2003年以來，教育投入意願較強地區人均教育支出是較弱地區的1.85倍左右，是中等地區的1.46倍左右。那麼城鎮居民教育投入意願的差異是否會影響省際教育公平水準？不同教育投入意願強弱區域間及同一強弱區內城鎮居民教育公平水準如何？本書以教育投入意願差異三大地區為分區基礎，再根據公式（4-3）（4-4）（4-5）（4-6）（4-7）計算出各區間、區內的教育

[①] 調研的26個省（直轄市、自治區）包括浙江省、江蘇省、廣東省、福建省、陝西省、遼寧省、湖南省、江西省、湖北省、廣東省、山西省、山東省、黑龍江省、吉林省、貴州省、雲南省、四川省、河南省、安徽省、河北省、北京市、上海市、重慶市、天津市、廣西壯族自治區、寧夏回族自治區。

[②] 意願較強地區：浙江、上海、北京、江蘇、廣東；意願中等地區：福建、天津、陝西、遼寧、湖南；意願較弱地區：江西、湖北、廣東、山西、山東、黑龍江、吉林、貴州、廣西、雲南、四川、河南、河北、寧夏、安徽、重慶。

基尼系數及對教育省際基尼系數的貢獻程度，以此說明城鎮教育省際公平按教育投入意願分區的分解情況，結果如表 4-2。

表 4-2　教育投入意願差異區區際、區內、交錯項教育基尼系數及其貢獻系數

年份	G_{1y}	G_{2y}	G_{3y}	G_{Ay}	G_{By}	G_{Cy}	R_{Ay}	R_{By}	R_{Cy}
2003	0.040,6	0.013,9	0.028,7	0.025,2	0.009,2	0.004,6	0.647,1	0.235,2	0.117,6
2005	0.041,7	0.015,0	0.048,4	0.027,8	0.012,9	0.005,3	0.605,0	0.279,8	0.115,2
2006	0.033,2	0.031,3	0.041,1	0.021,2	0.012,2	0.016,6	0.423,8	0.243,8	0.332,4
2008	0.032,0	0.040,8	0.046,9	0.025,4	0.013,8	0.007,8	0.541,0	0.293,3	0.165,7
2010	0.048,3	0.035,7	0.068,3	0.020,3	0.018,8	0.015,9	0.369,4	0.341,4	0.289,1
2011	0.033,2	0.027,2	0.081,5	0.019,8	0.019,7	0.028,6	0.290,8	0.289,1	0.420,1
2012	0.036,3	0.039,8	0.075,8	0.023,0	0.019,5	0.013,5	0.411,5	0.348,2	0.240,3
2013	0.031,3	0.033,9	0.048,2	0.017,3	0.013,7	0.017,0	0.361,2	0.284,7	0.354,1
2015	0.040,9	0.029,5	0.051,0	0.022,5	0.014,5	0.015,0	0.432,6	0.279,1	0.288,3

註：G_{1e}、G_{2e}、G_{3e} 分別表示意願較高地區、意願中等地區及意願較低地區區內城鎮居民教育基尼系數；G_{Ae}、G_{Be}、G_{Ce} 分別表示三個地區的區間、區內及交錯項的基尼系數；R_{Ae}、R_{Be}、R_{Ce} 分別表示區間、區內及交錯項對省際總體教育基尼系數的貢獻系數

從城鎮居民教育投入意願差異區區內的教育基尼系數來看，2003—2005 年教育投入意願較弱地區區內平均教育基尼系數，處於大於教育省際基尼系數總體的高位水準，且呈現震盪中上升的趨勢，從 2003 年的 0.028,7 上升為 2015 年的 0.051,0，其間 2011 年上升到超過 0.08 的高位水準。教育投入意願較高地區和中等地區教育基尼系數保持低於省際總體的低位水準，但兩者的變化趨勢並不一致，意願較高地區教育基尼系數在小幅波動下保持一致水準，而意願中等地區，呈大幅波動中的上升趨勢，從 2003 年的 0.013,9 上升為 2015 年的 0.029,5。以上結果說明，不管是教育投入意願中等地區、較高地區還是較低地區，城鎮居民教育公平水準均表現為遞減的特徵，教育投入意願中等地區內部城鎮居民教育公平程度較高，但隨著時間的推移，有所下降；教育投入意願較高區域內部城鎮居民教育公平程度其次，且隨著時間的推移，有略微降低的趨勢；教育投入意願較低區域內部城鎮居民教育公平程度最低，並隨時間的推移在動盪中，

大幅下降。

從城鎮居民教育投入意願差異三大地區教育基尼系數的區間、區內及交錯項對省際教育基尼系數總體水準的貢獻來看，區間教育基尼系數貢獻最大，其次是區內基尼系數，交錯項基尼系數貢獻最小，且貢獻程度呈不一致的變動特徵。2003—2015年區間基尼系數的平均貢獻率達45.4%，其間呈現大幅波動後的下降趨勢，從2003年的64.71%下降為2015年的43.26%；2003—2015年區內基尼系數的平均貢獻度為28.8%，其間呈現小幅波動後的緩慢上升，從2003年的23.52%上升為2015年的27.91%。由此說明，基於城鎮居民教育投入意願分區的區間教育基尼系數決定省際教育基尼系數的總體水準，同時區內教育基尼系數對省際教育基尼系數的總體水準也有一定的影響。與收入分區的情況相比，區間貢獻更大，區內貢獻基本相同，但區間貢獻呈下降的趨勢。同時城鎮居民教育投入意願分區的區間教育基尼系數貢獻度較高，區內基尼系數貢獻度較低，說明城鎮居民教育投入意願差異較大的地區教育公平程度較低，而投入意願差異較小地區教育公平程度較高，由此進一步表明，城鎮居民省際教育公平程度受教育投入意願的影響較大，且大於收入水準的影響。

三、公共教育資源投入差異的區域分解

教育產品的供給數量、供給結構以及供給質量是決定城鎮居民教育獲得的重要決定性因素。供給數量是否充足決定了城鎮居民獲得該種教育產品的難易程度，供給結構是否符合城鎮居民的現實需求是城鎮居民獲得該種教育產品的動力來源，供給質量決定城鎮居民擁有的教育人力資本的質量。目前，教育產品的供給以政府為主體，其他為補充，儘管相對於農村地區，城市地區其他非政府主體供給的教育資源相對豐富，但獲得成本太高，因此公共教育資源的提供水準在一定程度上決定了城鎮居民教育的水準。中國各省區之間由於在經濟發展水準上存在較大差異，導致政府教育財政支付能力差異明顯，使中國各地區基礎教育階段的教育資源配置不均衡，再加上各級辦學歷史決定了教育資源配置的導向，更加強化了教育資源配置的非均衡性。以各省人均教育經費投入來衡量公共教育資源的情況，利用2003—2015年人

均教育投入數據，採用聚類分析的方法，將 25 個省（直轄市、自治區）按公共教育資源豐裕程度分為資源豐裕地區、一般地區和稀缺地區①。2003 年以來，儘管各地區之間的差異逐漸縮小，但直到 2015 年教育資源豐裕地區的人均教育投入仍然是稀缺地區的 2 倍左右，是一般地區的 1.5 倍左右。那麼公共教育資源的差異是否會影響省際教育公平程度？公共教育資源不同豐裕程度區域間及同一豐裕程度區內城鎮居民教育公平程度如何？本書以公共教育資源投入差異三大地區為分區基礎，再根據公式（4-3）（4-4）（4-5）（4-6）（4-7）計算出各區間、區內的教育基尼系數及對省際教育基尼系數的貢獻程度，以此說明城鎮教育省際公平按公共教育資源分區的分解情況，結果如表 4-3。

表 4-3　公共教育投入差異區區際、區內、交錯項教育基尼系數及其貢獻系數

年份	G_{1y}	G_{2y}	G_{3y}	G_{Ay}	G_{By}	G_{Cy}	R_{Ay}	R_{By}	R_{Cy}
2003	0.042,8	0.033,6	0.029,1	0.015,9	0.010,8	0.012,3	0.407,8	0.275,9	0.316,3
2005	0.042,7	0.042,7	0.046,9	0.019,8	0.014,7	0.011,6	0.429,4	0.318,8	0.251,9
2006	0.035,3	0.029,1	0.038,7	0.025,2	0.011,4	0.013,5	0.503,1	0.227,7	0.269,2
2008	0.010,2	0.032,9	0.045,9	0.029,3	0.011,4	0.006,3	0.623,8	0.242,0	0.134,1
2010	0.042,3	0.078,7	0.053,7	0.009,4	0.019,7	0.025,9	0.171,6	0.358,0	0.470,4
2011	0.037,3	0.069,6	0.064,2	0.018,0	0.020,1	0.029,9	0.264,9	0.296,5	0.439,1
2012	0.026,2	0.074,7	0.059,2	0.018,7	0.019,0	0.018,2	0.334,5	0.340,1	0.325,4
2013	0.025,7	0.026,8	0.050,9	0.020,0	0.012,5	0.015,3	0.417,0	0.263,7	0.319,3
2015	0.033,8	0.056,5	0.039,5	0.024,0	0.014,3	0.013,7	0.461,2	0.275,4	0.263,4

註：G_{1g}、G_{2g}、G_{3g} 分別表示公共教育資源豐裕程度分為資源豐裕地區、一般地區和稀缺地區區內城鎮居民教育基尼系數；G_{Ag}、G_{Bg}、G_{Cg} 分別表示三個地區的區間、區內及交錯項的基尼系數；R_{Ag}、R_{Bg}、R_{Cg} 分別表示區間、區內及交錯項對省際總體教育基尼系數的貢獻系數

從公共教育資源差異區區內的教育基尼系數來看，公共教育資源豐裕地區內、公共教育資源一般地區及稀缺地區內城鎮居民教育基尼系數均小

---

① 公共教育資源豐裕地區：北京、上海、天津、浙江；公共教育資源一般地區：江蘇、陝西、遼寧、廣東、重慶、福建、吉林、山西；公共教育資源稀缺地區：山東、雲南、江西、甘肅、安徽、貴州、四川、廣西、黑龍江、河南、湖南、湖北、河北。

於省際總體水準，但公共教育資源豐裕地區內城鎮居民教育基尼系數最高，在大幅波動中略有下降，從 2003 年的 0.042,8 下降為 2015 年的 0.033,8，一般地區及稀缺地區內城鎮居民教育基尼系數比較接近，且均在波動中上升，公共教育資源一般地區從 2003 年的 0.033,6 上升為 2015 年的 0.056,5，公共教育資源稀缺地區從 2003 年的 0.029,1 上升為 2015 年的 0.039,5。以上分析結果說明，公共教育資源豐裕地區教育公平程度高於一般地區及稀缺地區，一般地區與稀缺地區教育公平程度基本處於同一水準，公共教育資源豐裕地區公平程度不僅較高，而且呈提高的趨勢；一般地區及稀缺地區區內的教育公平程度不僅較豐裕地區低，且呈下降的態勢。

從公共教育資源豐裕差異三大地區教育基尼系數的區間、區內及交錯項對教育省際基尼系數總體水準的貢獻來看，區間基尼系數貢獻最大，且呈上升的趨勢，區內基尼系數與交錯項基尼系數貢獻程度基本相同，且均呈下降的趨勢，但是區間基尼系數的貢獻小於按教育投入意願差異分區的區間基尼系數的貢獻，大於按收入差異分區的區間基尼系數的貢獻，而區內基尼系數的貢獻與按教育投入意願差異分區的區內基尼系數的貢獻基本相同，比按收入差異分區的區內基尼系數的貢獻略小。由此說明，基於公共教育資源豐裕差異分區的區間教育基尼系數決定了省際教育基尼系數的總體水準，其決定程度高於基於收入的分區方式，低於基於家庭教育支出的分區方式；區內基尼系數對省際教育基尼系數有重大影響，區間影響力不斷增強，區內影響力變化較小。同時區間及區內教育基尼系數對省際教育基尼系數的貢獻差異說明，教育資源差異較大地區間教育公平程度較低，教育資源差異較小地區內教育公平程度較高，但低於教育投入意願差異較小地區內的教育公平水準，由此進一步表明，城鎮居民省際教育公平程度受教育公共教育資源豐裕程度的影響較大，但小於家庭教育投入意願的影響，大於收入水準的影響。

第四節　結論與政策含義

一、研究結論

通過對中國城鎮居民省際及省域內教育基尼系數的測算和區域分解，可以得出以下結論：

第一，城鎮居民省內教育公平水準程度雖未明顯惡化，但也未得到較明顯的改善，目前大多數省份城鎮居民教育公平水準均已處於合理範圍內。各省內城鎮居民受教育水準因其收入水準、教育資源分佈狀況、教育投入意願的不同而有所差異實屬必然，只要將這一差異控制在合理範圍內，並不會產生較大的負面影響。

第二，在較低的受教育水準下，城鎮居民教育省際公平水準有所降低，但一直都處於較高的公平區間，相比於省內教育公平水準，省際公平水準更高。在城鎮居民省際教育公平水準有所下降的情況下，2015年省際教育基尼系數升高為0.052，即使在2011年也只有0.068，而2012年全國所有地區城鎮居民教育省內平均基尼系數達到了0.21。

第三，城鎮居民省際教育公平程度與收入水準密切相關。收入水準決定城鎮居民對教育產品的支付能力，收入水準越高，支付能力越強，受教育水準也會相應提高。根據按收入分區的基尼系數分解結果，在較高收入地區，城鎮居民省際教育公平水準較高，而較低收入地區，省際教育公平程度較低。

第四，教育投入意願是決定城鎮居民教育省際公平水準的內在因素。城鎮居民教育產品的獲得受控於教育投入意願，特別是義務教育範圍外的中等及高等教育的獲得取決於投入意願的強弱。投入意願越強，教育實現的水準越高，反之則越低。根據按教育投入意願分區的基尼系數的分解結果，投入意願較強地區城鎮居民教育公平程度較高，而投入意願較弱地區

公平程度較低。

第五，公共教育資源投入差異是影響城鎮居民教育省際公平水準的外在約束條件。公共教育資源投入與城鎮地區教育產品的供給密切相關，公共教育資源投入水準越高，教育產品供給相對充裕，相反則相對不足。根據按公共教育資源分區的基尼系數的分解結果，公共教育資源相對豐裕地區城鎮居民教育省際公平水準較高，而相對稀缺地區公平水準則較低，這說明公共教育資源投入較低的地區投入差異更大，造成公平水準更低。

二、政策含義

以上分析及結論對城鎮居民教育公平的推進有以下幾方面的政策含義：

第一，城鎮居民教育公平仍然需要關注。中國城鎮居民教育省際及省內教育基尼系數儘管都在合理範圍內，其一方面源於採用的是受教育年限數據衡量的是教育數量上的公平情況，而教育質量的公平情況未包含在內，另一方面省際差異反應的是平均水準，未能反應受教育水準最高和最低省份之間的差異。提高城鎮居民受教育水準和教育公平程度都應受到高度重視，並在提高受教育水準的基礎上，提高教育公平程度，尤其是提高城鎮居民教育質量公平程度。

第二，城鎮居民教育公平水準的提高依賴於收入差距的縮小和公共教育資源的均衡配置。根據基尼系數的分解結果可知，收入水準以及教育資源的配置差異對城鎮居民教育公平水準有較大影響，收入水準的高低影響城鎮居民對教育產品的支付能力，公共資源提供水準影響城鎮居民教育產品的供給水準。收入差距的縮小及公共教育資源的配置均衡無疑會提高城鎮居民教育公平水準。在收入水準較低及公共教育資源較為稀缺地區應當給予適當的傾斜，使城鎮居民在收入和教育資源增加中提高受教育水準和教育公平水準。

第三，提高城鎮居民教育投入意願是提高城鎮居民教育公平水準的有效途徑。從教育基尼系數的分解結果可知，教育投入意願的差異對城鎮居民教育省際公平差異影響最大，在城鎮居民教育投入意願較低的地區內部

城鎮居民教育公平水準最低，而在較高和中等地區內部公平水準較高。可見，提高城鎮居民教育投入的積極性，增加有效的個人教育投入可以提高城鎮居民的教育水準以達到提高教育公平水準的目的。

第五章　城鄉居民教育公平的測度

　　給每一個人平等的機會，並不是指名義上的平等，即對每一個人一視同仁，如目前許多人所認為的那樣。機會平等是要肯定每一個人都能夠受到適當的教育，而且這種教育的進展和方法是適合個人特點的。

——《學會生存》①

　　教育公平是社會公平的基礎與主要內容，教育公平的實現對促進社會公平具有重大意義。城鄉居民教育公平作為教育公平的重要維度之一，是教育公平的重要組成部分，也是城鄉經濟、收入均衡發展的基礎。已有研究顯示，隨著中國教育規模的擴張，城鄉居民受教育水準逐步提高，教育不平等問題卻未得到有效改善②。中國城鄉居民教育不平等的形成有著深刻的社會和歷史原因。以戶籍制度為基礎的一系列城鄉二元結構制度是城鄉居民教育不平等形成的制度根源，隱藏在戶籍制度背後的就業、醫療、社會保障等歧視政策構成了城鄉居民教育不平等發展的重要制度約束。

　　城鄉公平不僅是關注總體上的公平，還是追求不同階層、不同家庭類型、不同民族、不同地區以及不同性別等群體間在入學機會、教育過程和教育結果等方面的多維公平。城鄉教育差距呈縮小還是擴大的趨勢？性別間、地區間、民族間、各階層間、各年齡階段間等不同群體城鄉教育不平

---

① 聯合國教科文組織國際教育發展委員會. 學會生存 [M]. 上海：上海譯文出版社, 1982.
② 楊東平. 中國教育公平的理想與現實 [M]. 北京：北京大學出版社, 2008.

等的現狀和趨勢如何？對於上述問題的回答，不僅對正確判斷中國城鄉教育公平問題有重要意義，也是尋求促進城鄉教育公平有效政策立足點的關鍵。眾多學者對城鄉教育公平的問題進行了研究，但大多都是研究城鄉教育公平的表現維度，如吳愈曉（2013）從教育階段的視角研究了城鄉教育公平問題，認為初中升學機會的城鄉差異沒有變化，高中和大學升學機會的城鄉不平等差距有擴大趨勢；文軍和顧楚丹（2017）從基礎教育資源分配的視角研究城鄉教育公平問題，認為教育資源在城鄉分配存在的顯著差異，非但沒有起到縮小城鄉差距、維護社會公平的作用，反而強化和增加了城市的優勢，進一步拉大了城鄉之間的差距；李春玲（2014）從教育機會的視角研究了城鄉教育公平問題，通過對 5 個出生年齡組比較分析，發現小學教育的城鄉機會不平等問題在下降，初中教育的城鄉機會不平等問題沒有變化，而高中及其他高級中等教育的城鄉教育機會不平等問題持續上升，大學階段的城鄉機會不平等問題略有上升；田志磊和袁連（2011）、李濤（2013）等儘管分別從不同地區、不同階層對比的視角對城鄉教育公平的情況進行了判斷，但其判定是針對單一視角的簡單數據描述性分析，既沒有多維度體現城鄉教育不平等在不同群體的異質性特徵，也沒有揭示不同群體城鄉教育差異的變動趨勢。本研究致力於彌補這一研究缺陷，構建基於性別、地區、民族、階層、年齡階段等多維視角的城鄉教育公平評價的分析框架，採用基尼系數及分解等有效的評價方法，基於 CGSS 調查數據，綜合評估當前城鄉教育公平的現狀及其變化趨勢，為後續研究提供研究立足點。

第一節　城鄉教育公平測度方法及樣本數據

一、測度方法

本書採用的是將總體教育公平在城鄉之間進行分解，以分析城鄉差距

對總體教育公平的貢獻來評估城鄉教育公平的狀況及發展趨勢的方法，並從性別、地區、民族、階層、年齡階段等多維視角進行分解，綜合評估不同群體間教育城鄉差距的情況及變動趨勢，其中涉及教育公平的測度和分解。

1. 教育公平的測度

從相關研究來看，教育基尼系數在穩定性和有效性上都優於教育標準差，成為測度教育公平的常用指標和主流方法，Maas 和 Criel（1982）、Lopez 和 Thomas（1998）、Sheret（1988）、張菀洺（2013）、張航空和姬飛霞（2013）、孫百才（2014）等均使用教育基尼系數對教育公平進行了測度，因此本文也採用教育基尼系數作為衡量教育公平的指標。Thomas 和 Wang（2003）認為教育成就的存量指標是準確測度教育公平的基礎，而受教育年限可以較好地反應教育成就的存量，大多數研究均採用受教育年限來代表教育成就存量，因此在計算教育基尼系數時採用受教育年限指標代表受教育情況。基於以上研究，本文以各級受教育水準為依據，借鑑孫百才（2014）和張航空等（2013）的方法，分別將文盲組、小學程度組、初中程度組、中專或技校程度組、高中或職高程度組、大專程度組、本科程度組、研究生及以上程度組的受教育年限定義為 0 年、6 年、9 年、11 年、12 年、15 年、16 年、19 年，以各級教育的人口數為權重，根據基尼系數是洛倫茲曲線圖中不平等面積與完全不平等面積的比值計算基尼系數。具體計算公式如下：

$$G = 1 - \sum_{i=1}^{5}(W_{i-1} + W_i) \cdot P_i \qquad (5-1)$$

公式（5-1）中，G 代表教育基尼系數，P_i 代表每組人口數量占總人口數量的比重，W_i 代表累積到第 i 組受教育年限占所有組受教育年限的比值。

2. 教育基尼系數的分解

從已有的研究來看，基尼系數的分解分為兩種方法：一種是將基尼系數分解為三部分，即組內、組間及交錯項；另一種是將基尼系數分解為兩部分，即組內及組間。第一種方法以 Yao（1999）的分解公式為代表，任

媛（2016）、張航空和姬飛霞（2013）等借鑑該方法進行了教育基尼系數的分解；第二種方法以 Junsen Zhang（2002）的分解公式為代表，文曉國（2016）、孫百才（2014）等借鑑該方法進行了教育基尼系數的分解。鑒於第一種方法中的交錯項與組內、組間有重疊，會在不同程度上削弱組間及組內貢獻的準確度，影響本文的研究目標，因此選擇第二種方法對教育基尼系數進行分解。具體分解公式如下：

$$G = (P_1)^2 \cdot \frac{\mu_1}{\mu} \cdot G_1 + (P_2)^2 \cdot \frac{\mu_2}{\mu} \cdot G_2 + G_B \qquad (5-2)$$

公式（5-2）中，P_1、P_2 分別代表城鎮組和農村組的人口比重；μ_1、μ_2、μ 分別代表城鎮組、農村組及總人口平均受教育年限；G_1、G_2 分別代表城鎮組和農村組的教育基尼系數；G_B 代表城鄉差距對總體教育基尼系數的絕對貢獻；$(P_1)^2 \cdot (\frac{\mu_1}{\mu}) \cdot G_1$ 與 $(P_2)^2 \cdot (\frac{\mu_2}{\mu}) \cdot G_2$ 分別代表城鎮組和農村組對總體教育基尼系數的絕對貢獻。

二、樣本數據概況

本書採用的數據為中國綜合社會調查（CGSS）中 2005、2006、2008、2010、2011、2012、2013、2015 年[①]的數據。歷年樣本中受訪者個數分別為 10,372、10,151、6,000、11,783、5,620、11,765、11,438、10,968 個，城鎮樣本分別為 5,422、5,200、3,405、5,713、2,251、5,053、4,571、4,016個，農村樣本分別為 4,560、4,951、2,586、6,064、3,367、6,695、6,843、6,931 個。根據本書研究內容，在其中選擇教育程度、性別、戶籍地（省、直轄市、自治區）、民族、階層、城鄉、出生年代 7 個指標的數據，並根據不同的分析維度對以上數據進行了整理和缺失值的處理[②]，樣本情況如表 5-1。

[①] 本書使用數據均來自 CGSS 項目，該調查項目為中國第一個具有綜合性和連續性的大型社會調查項目，由中國人民大學中國調查與數據中心負責執行。

[②] CGSS 歷年數據中，刪除了受教育程度指標中私塾、其他及不確定項以及戶籍地、民族、階層指標中其他及不確定項的樣本。

表 5-1　　　　　　　　　　各層次樣本數

		年份	2005	2006	2008	2010	2011	2012	2013	2015
城鎮	地區	東部	2,656	2,440	1,577	2,681	1,196	2,867	2,618	2,255
		西部	1,189	1,054	792	991	294	840	661	523
		中部	1,522	1,441	979	1,438	749	1,322	1,268	1,104
	民族	漢族	5,148	4,744	3,210	4,699	2,142	4,721	4,293	3,736
		少數民族	219	191	138	411	97	308	254	146
	性別	男性	2,542	2,272	1,637	2,502	1,079	2,612	2,364	1,866
		女性	2,825	2,663	1,711	2,608	1,160	2,417	2,183	2,016
	階層	上層	343	215	230	370	197	391	455	341
		下層	3,008	3,187	1,264	1,575	676	1,539	1,060	837
		中層	2,016	1,533	1,854	3,165	1,366	3,099	3,032	2,704
	出生年代	50 前	1,096	1,077	627	1,009	443	996	937	798
		50 後	1,395	977	600	1,168	513	1,107	916	837
		60 後	1,275	1,198	765	1,076	485	1,038	818	731
		70 後	1,038	961	719	1,002	387	929	892	622
		80 後和 90 後	563	722	637	852	411	959	984	894
農村	地區	東部	1,709	1,799	741	1,540	842	1,831	1,910	1,993
		西部	1,277	1,318	732	2,014	1,054	2,160	2,182	1,889
		中部	1,362	1,336	1,034	2,445	1,459	2,663	2,714	2,581
	民族	漢族	4,185	4,278	2,327	5,336	3,151	5,965	6,097	6,140
		少數民族	163	175	180	663	204	689	709	323
	性別	男性	2,049	2,064	1,180	2,844	1,477	3,377	3,354	2,982
		女性	2,299	2,389	1,327	3,155	1,878	3,277	3,452	3,481
	階層	上層	364	133	85	262	230	393	400	356
		下層	2,083	3,149	1,297	2,452	1,311	2,359	2,362	1,997
		中層	1,901	1,171	1,125	3,285	1,814	3,902	4,044	4,110
	出生年代	50 前	919	930	501	1,170	685	1,286	1,268	1,223
		50 後	931	686	363	1,191	701	1,426	1,329	1,219
		60 後	1,201	1,234	651	1,485	701	1,472	1,463	1,431
		70 後	919	1,000	594	1,199	692	1,276	1,349	1,169
		80 後和 90 後	378	603	398	954	576	1,193	1,397	1,421

從受教育程度來看，城鎮在較高教育階段樣本占比均高於農村，且隨

著時間的推移，這一特徵逐漸弱化，具體情況如表 5-2。

表 5-2　　　　　　　　　　城鄉各教育階段樣本數

年份		文盲	小學	初中	普高或職高	中專或技校	大專	本科	研究生及以上
2005	城鎮	285	708	1,550	469	1,304	656	374	21
	農村	739	1,661	1,467	72	380	25	4	0
2006	城鎮	174	583	1,483	537	1,103	647	386	22
	農村	725	1,488	1,635	104	414	69	17	1
2008	城鎮	117	435	910	321	742	443	354	26
	農村	351	980	821	67	225	47	16	0
2010	城鎮	322	568	1,295	556	895	749	653	72
	農村	1,277	1,937	2,024	137	488	93	41	2
2011	城鎮	104	249	593	231	398	321	301	42
	農村	677	1,048	1,142	81	279	88	39	1
2012	城鎮	255	559	1,204	496	952	760	749	54
	農村	1,368	2,116	2,094	181	590	190	114	1
2013	城鎮	264	430	1,077	414	888	702	695	77
	農村	1,334	2,000	2,234	217	651	221	140	9
2015	城鎮	170	445	945	326	760	523	624	89
	農村	1,213	1,928	2,004	208	623	249	223	15

第二節　城鄉教育公平的測度與比較

一、城鄉教育公平的總體情況

本書利用 CGSS2005—2015 年數據，根據公式（5-1）和（5-2）將衡量總體教育公平的教育基尼系數在城鄉間進行分解，分解後教育基尼系數分為三部分：第一部分為城鎮組內教育公平對總體教育基尼系數的貢獻；

第二部分為農村組內教育公平對總體教育基尼系數的貢獻；第三部分為城鄉差異對總體教育基尼系數的貢獻，具體情況如表5-3。

表5-3　　　　　　　　城鄉教育公平總體情況

年份		2005	2006	2008	2010	2011	2012	2013	2015
G		0.258	0.248	0.245	0.299	0.295	0.297	0.297	0.295
城鎮內部	絕對貢獻	0.019	0.060	0.073	0.057	0.042	0.048	0.042	0.036
	貢獻率（%）	7.24	24.24	29.64	19.23	14.18	16.14	14.15	12.26
農村內部	絕對貢獻	0.044	0.050	0.038	0.074	0.093	0.085	0.095	0.106
	貢獻率（%）	17.03	20.11	15.46	24.63	31.56	28.62	32.09	35.98
城鄉間	絕對貢獻	0.195	0.138	0.134	0.168	0.160	0.164	0.160	0.153
	貢獻率（%）	75.73	55.65	54.90	56.14	54.26	55.24	53.76	51.76

數據來源：根據公式（5-1）和（5-2）計算而得

從城鄉教育公平對總體教育公平的靜態貢獻來看：第一，城鄉間的教育不公平是總體教育不公平的主要來源，平均絕對貢獻額為0.159，平均貢獻率達到57.18%；第二，城鎮及農村內部的教育不公平也是總體教育不公平的重要來源，城鎮及農村內部的平均絕對貢獻額分別為0.047、0.073，平均貢獻率分別為17.13%、25.69%；第三，農村內部教育不公平對總體教育公平的貢獻大於城鎮，農村內部平均絕對貢獻額比城鎮高0.026個單位，貢獻率比城鎮高8.55個百分點。

從城鄉教育公平對總體教育公平的動態貢獻來看：在總體教育不公平增長的態勢下，城鎮內部及農村內部的教育不公平對總體教育不公平增長的貢獻增加，城鄉間教育不公平的降低抑制了總體教育不公平的增長。2005—2015年間，總體教育不公平增加0.037個單位，0.017個單位來源於城鎮內部教育不公平的增加，0.062個單位來源於農村內部教育不公平的增加，0.042個單位來源於城鄉間教育不公平的減少；城鎮內部的貢獻為46.52%，農村內部的貢獻率為165.37%，城鄉間的貢獻為-111.89%。

由此可知，不管是從靜態還是動態的視角來看，城鄉間的教育不公平仍然是總體教育不公平的主要來源，但其地位正在逐漸弱化；農村內部教育不公平對總體教育不公平的貢獻率大於城鎮，且從長期發展趨勢來看，

這一特徵更加強化。

二、城鄉教育公平的性別差異

城鄉居民教育獲得的差異不僅受城鄉教育供給政策的影響，更受城鄉居民家庭教育觀念、教育支付能力、教育期望及支付意願等因素的影響。性別角色文化是影響教育獲得的重要因素，不同性別群體由於其所處的性別角色地位的差異，其獲得教育的機會和水準存在較大的差異。影響城鄉居民教育獲得的教育觀念、教育期望及教育支付意願在不同的性別群體又具有差異化的表現，使城鄉居民教育差異產生性別異質性。因此本文以樣本的性別屬性為劃分標準，將歷年樣本劃分為男性和女性兩個群體，利用公式（5-1）和（5-2）分別將兩個群體的教育基尼系數在城鄉間進行分解，以進行對比分析，從男、女性兩個不同群體的視角評估城鄉教育公平的情況及發展趨勢，具體結果如表5-4。

表 5-4　　　　　　　　　城鄉教育公平的性別差異

	年份		2005	2006	2008	2010	2011	2012	2013	2015
男性		G	0.215	0.208	0.210	0.247	0.235	0.253	0.246	0.237
	城鎮內部	絕對貢獻	0.061	0.053	0.065	0.051	0.038	0.043	0.037	0.032
		貢獻率（%）	28.39	25.46	30.79	20.71	15.97	16.95	15.20	13.35
	農村內部	絕對貢獻	0.035	0.040	0.030	0.056	0.067	0.070	0.074	0.081
		貢獻率（%）	16.49	19.17	14.47	22.67	28.64	27.71	30.12	34.36
	城鄉間	絕對貢獻	0.119	0.115	0.115	0.140	0.130	0.140	0.135	0.124
		貢獻率（%）	55.12	55.38	54.74	56.62	55.39	55.34	54.67	52.29
女性		G	0.297	0.281	0.276	0.347	0.345	0.344	0.349	0.348
	城鎮內部	絕對貢獻	0.082	0.066	0.080	0.067	0.045	0.054	0.047	0.041
		貢獻率（%）	27.80	23.59	28.85	19.25	13.13	15.62	13.51	11.69
	農村內部	絕對貢獻	0.050	0.057	0.044	0.082	0.115	0.099	0.116	0.127
		貢獻率（%）	16.70	20.20	16.06	23.60	33.30	28.85	33.24	36.49
	城鄉間	絕對貢獻	0.165	0.158	0.152	0.198	0.185	0.191	0.186	0.180
		貢獻率（%）	55.50	56.22	55.09	57.15	53.58	55.53	53.25	51.82

數據來源：根據公式（5-1）和（5-2）計算而得

從不同性別群體城鄉教育不公平對總體教育不公平的靜態貢獻來看：第一，在女性群體教育總體不公平遠遠高於男性群體的背景下（女性群體教育基尼系數平均值為0.32，男性群體則為0.23，相差約為0.09），女性群體城鄉間、城鎮內部及農村內部教育不公平對總體教育不公平的絕對貢獻額均高於男性群體，且城鄉間及農村內部更為明顯，女性群體城鄉間平均絕對貢獻額為0.177，男性群體則為0.127，相差約為0.05；女性群體農村內部及城鎮內部平均絕對貢獻額分別為0.086、0.06，男性群體則為0.057、0.047，相差為0.029、0.013；第二，城鄉間教育不公平對總體教育不公平平均貢獻率的性別差異較小，女性群體城鄉間的平均貢獻率為54.77%，略小於男性群體的54.94%。儘管城鎮內部及農村內部教育不公平對總體教育不公平平均貢獻率的性別差異大於城鄉間，但其差異仍然較小，女性群體農村內部的平均貢獻率為26.06%，比男性群體的24.2%高1.84個百分點，女性群體城鎮內部的平均貢獻率為19.18%，比男性群體的20.85低1.67個百分點。

從不同性別群體城鄉教育公平對總體教育公平的動態貢獻來看：第一，在女性群體教育總體不公平增加額略大於男性群體背景下（女性群體教育基尼系數增加額為0.051，男性群體則為0.022，相差約為0.03個單位），女性群體城鄉間的教育不公平對總體教育不公平增長的貢獻大於男性群體，女性群體的正向貢獻率達30.44%，比其平均貢獻率低了24.3個百分點，男性群體的正向貢獻率為24.01%，比其平均貢獻率高30.93個百分點；第二，男性群體農村內部的教育不公平對總體教育不公平增長的貢獻大於女性群體，男性群體的正向貢獻率達213%，比女性群體的152%，高了近61個百分點；第三，儘管女性群體及男性群體城鄉間及農村內部教育不公平對總體教育不公增長的貢獻均為正向，但女性群體及男性群體城鎮內部教育不公平對總體教育不公增長的貢獻均為負向，且男性群體城鎮內部教育不公平對總體教育不公平增長的負向貢獻大於女性群體，男性群體的負向貢獻率達137%，比女性群體的82%，高了近55個百分點。

由此可知，城鄉間教育不公平仍然是不同性別群體內部教育不公平的主要來源，且其作用越來越凸顯，農村及城鎮內部教育不公平對女性群體

教育不公平的貢獻均大於男性。城鄉間教育不公平對總體教育不公平的相對貢獻的性別差異性較小，且有逐步趨同的趨勢；城鎮內部及農村內部教育不公平對總體教育不公平的相對貢獻的性別差異性較大，農村內部教育不公對女性群體教育不公平的相對貢獻大於男性，且性別之間的差距隨著農村內部教育不公平相對貢獻的提高呈逐步擴大的趨勢，但城鎮內部教育不公對女性群體教育不公平的相對貢獻小於男性，也隨著城鎮內部教育不公平相對貢獻的降低呈擴大的趨勢。

三、城鄉教育公平的地區差異

教育的家庭、政府及社會投入是制約教育獲得的重要因素，由於城鄉間及城鎮與農村內部在教育的家庭、政府及社會投入上存在較大的差距，導致了城鄉間及城鎮與農村內部的教育差距。教育的家庭、政府及社會投入的城鄉差異又與經濟發展水準息息相關，經濟發展水準較高的地區，政府及社會的教育投入數量充足，質量較高，其在分配過程中可能產生較為顯著的城鄉異質性，而經濟發展落後的地區政府及社會的教育投入預算有限，其在分配過程中，也可能產生較為顯著的城鄉異質性，同時經濟發展水準較高地區，較大的城鄉收入差距會引致較大的城鄉家庭教育投入差距。因此教育獲得的城鄉差異存在明顯的地區群體特徵。因此，本書根據《中華人民共和國國民經濟和社會發展第七個五年計劃（1986—1990）》（下文簡稱「七五」計劃）對中國東部、中部、西部三個地區的劃分標準，以及「西部大開發」戰略中對部分地區的調整，將 31 個省（直轄市、自治區）劃分為三大經濟階梯發展地區，即東部地區[①]（經濟發達地區）、中部地區[②]（經濟中等發達地區）及西部地區[③]（經濟欠發達地區），並以此為依據將歷年樣本劃分為東部地區、中部地區和西部地區三個群體，利用公式（5-1）和（5-2）分別將三個群體的教育基尼系數在城鄉間進行分

[①] 東部地區為北京、天津、河北、遼寧、上海、江蘇、浙江、福建、山東、廣東和海南 11 個省（直轄市）。

[②] 中部地區為山西、吉林、黑龍江、安徽、江西、河南、湖北、湖南 8 個省。

[③] 西部地區為重慶、四川、貴州、雲南、西藏、陝西、甘肅、青海、寧夏、新疆、內蒙古、廣西 12 個省（直轄市、自治區）。

解,以進行對比分析,從東、中、西部三個不同群體的視角評估城鄉教育公平的情況及發展趨勢,具體結果如表 5-5。

表 5-5　　　　　　　　城鄉教育公平的地區差異

年份			2005	2006	2008	2010	2011	2012	2013	2015
東部地區		G	0.235	0.223	0.219	0.253	0.240	0.244	0.247	0.249
	城鎮內部	絕對貢獻	0.032	0.032	0.030	0.034	0.034	0.035	0.037	0.038
		貢獻率(%)	13.62	14.41	13.78	13.58	14.15	14.25	14.88	15.26
	農村內部	絕對貢獻	0.031	0.036	0.020	0.030	0.038	0.035	0.042	0.054
		貢獻率(%)	12.98	15.90	9.11	11.78	15.68	14.39	16.80	21.74
	城鄉間	絕對貢獻	0.173	0.156	0.169	0.189	0.169	0.174	0.169	0.157
		貢獻率(%)	73.40	69.69	77.11	74.65	70.17	71.36	68.32	63.00
中部地區		G	0.253	0.248	0.240	0.297	0.301	0.301	0.318	0.298
	城鎮內部	絕對貢獻	0.041	0.036	0.038	0.040	0.042	0.039	0.042	0.039
		貢獻率(%)	1.63	1.46	1.59	1.36	1.39	1.28	1.31	1.32
	農村內部	絕對貢獻	0.048	0.054	0.053	0.104	0.117	0.120	0.132	0.133
		貢獻率(%)	18.82	21.56	22.02	34.92	38.96	39.83	41.51	44.60
	城鄉間	絕對貢獻	0.164	0.158	0.149	0.153	0.142	0.142	0.144	0.126
		貢獻率(%)	64.93	63.85	62.09	51.48	47.12	47.35	45.37	42.15
西部地區		G	0.299	0.279	0.274	0.339	0.338	0.350	0.322	0.349
	城鎮內部	絕對貢獻	0.045	0.040	0.038	0.045	0.032	0.040	0.035	0.034
		貢獻率(%)	15.06	14.37	13.76	13.31	9.49	11.44	10.71	9.83
	農村內部	絕對貢獻	0.069	0.077	0.053	0.130	0.191	0.161	0.174	0.200
		貢獻率(%)	22.96	27.45	19.47	38.27	56.34	46.01	54.02	57.37
	城鄉間	絕對貢獻	0.185	0.163	0.183	0.164	0.116	0.149	0.114	0.115
		貢獻率(%)	61.98	58.18	66.77	48.43	34.17	42.55	35.27	32.79

數據來源:根據公式(5-1)和(5-2)計算而得

從不同地區城鄉教育不公平對總體教育不公平的靜態貢獻來看:第一,在東部、中部和西部地區教育總體不公平呈現出從低到高的階梯形特徵的背景下(東部、中部、西部地區教育基尼系數平均值分別為 0.24、0.28、0.32),西部地區城鄉間教育不公平對總體教育不公平的貢獻額和貢獻率均小於東部及中部地區,西部地區的平均貢獻額和貢獻率分別為 0.148、47.52%,比東部地區的 0.169、70.96% 低出約 0.02 個單位和

23.44個百分點，比中部地區的0.149、53.04%低出約0.001個單位和5.52個百分點；第二，在各經濟發展區內城鄉內部教育不公平對總體教育不公平的貢獻表現為農村內部貢獻均大於城市的背景下（東部、中部及西部地區農村內部的平均貢獻率分別為城鎮內部的1.04、2.65、3.29倍，平均貢獻額分別為城鎮內部的1.04、2.39、3.41倍），東部地區城鎮內部的平均貢獻率大於中部及西部地區，其為14.24%，比中部地區的12.35%高出約1.89個百分點，比西部地區的12.25%高出約1.99個百分點；西部地區農村內部的平均貢獻率大於東部及中部地區，其為40.24%，比東部地區的14.8%高出約25.44個百分點，比中部地區的32.78%高出約7.46個百分點。

從不同地區城鄉教育不公平對總體教育不公平的動態貢獻來看：第一，在各地區教育總體不公平增加的背景下（東部、中部、西部教育基尼系數分別增加約為0.013、0.045、0.051個單位），各地區城鄉間教育不公平對總體教育不公平的貢獻均呈遞減態勢，西部地區城鄉間的教育不公平對總體教育不公平增長的負向貢獻大於東部及中部地區，西部地區的負向貢獻率達138.62%，比東部地區的118.97%高出約19.65個百分點，比中部地區的86.68%高出約51.94個百分點；第二，在各經濟發展區內城鄉間，城鎮及農村內部教育不公平對總體教育不公平增長的貢獻存在顯著的區域差異特徵。從城鎮內部教育不公平對總體教育不公平增長的貢獻來看，東部地區為高達43.85%的正向貢獻，西部及中部地區分別為20.86%、3.75%的負向貢獻；從農村內部教育不公平對總體教育不公平增長的貢獻來看，各地區都表現為較高的正向貢獻，其中，西部地區的貢獻最大，其正向貢獻率為259.48%，比東部地區的175.12%高出約84.36個百分點，比中部地區的190.43%高出約69.05個百分點。

由此可知：第一，城鄉間教育不公平仍然是各經濟發展區內部教育不公平的主要來源，其在各經濟發展區間表現為經濟發展越發達地區對總體教育不公平的貢獻越大。第二，各經濟發展區農村內部教育不公平對總體教育不公平的貢獻均大於城鎮，且表現出經濟發展越落後地區越顯著的特徵。第三，城鄉內部教育不公平對總體教育不公平及增長的相對貢獻表現出較大的

地區差異。經濟中等發達地區及落後地區由於農村內部教育不公平對總體教育不公平增長的較高正向作用和城鄉教育不公平對總體教育不公平增長的較高負向作用表現出農村內部教育不公平對總體教育不公平的作用凸顯的特徵。

四、城鄉教育公平的民族差異

與漢族相比，少數民族具有特定的社會文化系統，包括物質層面的衣、食、住、行，精神層面的宗教、習俗等，心理層面的價值觀、思維方式、民族性格等。在城鄉迥異的生活背景下，少數民族社會文化系統存在較大的差距。因此，本書將歷年樣本劃分為漢族與少數民族兩個群體，利用公式（5-1）和（5-2）分別將兩個群體的教育基尼系數在城鄉間進行分解，以進行對比分析，從漢族和少數民族兩個不同群體的視角評估城鄉教育公平的情況及發展趨勢，具體結果如表5-6。

表 5-6　　　　　　　　城鄉教育公平的民族差異

		年份	2005	2006	2008	2010	2011	2012	2013	2015
漢族		G	0.256	0.246	0.243	0.295	0.294	0.376	0.295	0.294
	城鎮內部	絕對貢獻	0.037	0.035	0.035	0.040	0.039	0.030	0.040	0.039
		貢獻率（%）	14.60	14.35	14.56	13.48	13.28	8.06	13.60	13.33
	農村內部	絕對貢獻	0.044	0.050	0.036	0.071	0.092	0.074	0.091	0.105
		貢獻率（%）	16.99	20.12	14.92	24.08	31.22	19.76	30.79	35.69
	城鄉間	絕對貢獻	0.175	0.161	0.171	0.184	0.163	0.271	0.164	0.150
		貢獻率（%）	68.41	65.53	70.52	62.44	55.50	72.18	55.60	50.98
少數民族		G	0.313	0.274	0.271	0.327	0.320	0.329	0.312	0.334
	城鎮內部	絕對貢獻	0.046	0.043	0.037	0.055	0.035	0.039	0.037	0.040
		貢獻率（%）	14.83	15.78	13.83	16.71	10.85	11.76	11.85	12.02
	農村內部	絕對貢獻	0.046	0.055	0.075	0.100	0.120	0.137	0.149	0.141
		貢獻率（%）	14.76	19.97	27.63	30.62	37.56	41.60	47.86	42.31
	城鄉間	絕對貢獻	0.221	0.176	0.159	0.172	0.165	0.154	0.126	0.153
		貢獻率（%）	70.42	64.25	58.54	52.67	51.59	46.64	40.29	45.67

數據來源：根據公式（5-1）和（5-2）計算而得

从不同民族群体城乡教育公平对总体教育公平的静态贡献来看：第一，在少数民族群体内部教育总体不公平略高于汉族群体的背景下（少数民族群体教育基尼系数平均值为 0.31，汉族群体为 0.287，相差约为 0.023），汉族群体城乡间的教育不公平对总体教育不公平的平均贡献率及贡献额均比少数民族高，其平均贡献率及贡献额分别为 62.65%、0.18，比少数民族群体的 53.76%、0.165 高出约 8.89 个百分点及 0.015 个单位。第二，在不同民族群体农村内部教育不公平对总体教育不公平的贡献均大于城镇内部贡献的背景下（汉族及少数民族农村内部的贡献率分别为城镇内部的 2.44、1.84 倍，贡献额分别为城镇内部的 2.48、1.9 倍），少数民族群体在城乡内部教育不公平对总体教育不公平的贡献率及贡献额均略大于汉族群体，少数民族群体城镇内部贡献率及贡献额分别为 13.45%、0.042，比汉族群体的 13.16%、0.037 略高约 0.29 个百分点和 0.005 个单位；少数民族群体农村内部的贡献率及贡献额分别为 32.79%、0.103，比汉族群体的 24.2%、0.07 略高约 8.59 个百分点和 0.033 个单位。

从不同民族群体城乡教育公平对总体教育公平的动态贡献来看：第一，在汉族及少数民族群体教育总体不公平增加的背景下（汉族及少数民族群体教育基尼系数分别增加约为 0.04 和 0.02 个单位），汉族及少数民族群体城乡间教育不公平对总体教育不公平增长的贡献均呈递减态势，且少数民族群体城乡间教育不公平对总体教育不公平增长的负向贡献大于汉族群体，其负向贡献率达 328%，比汉族群体 68% 的负向贡献率高出约 260 个百分点。第二，城乡内部教育不公平对总体教育不公平增长的贡献呈现民族异质性。汉族群体城镇内部教育不公平对总体教育不公平增长的贡献递增，其正向贡献率达 4.65%，但少数民族群体城镇内部教育不公平对总体教育不公平增长的贡献递减，其负向贡献率达 30.31%。汉族及少数民族群体农村内部教育不公平对总体教育不公平增长的贡献递增，且少数民族递增的速度高于汉族，少数民族群体农村内部教育不公平对总体教育不公平增长的贡献为 458%，比汉族群体的 163% 高出 295 个百分点。

由此可知：第一，城乡间教育不公平仍然是各民族区内部教育不公平的主要来源，尽管城乡间教育不公平对总体教育不公平增长的贡献为负，

但仍然居於主體地位，且表現出少數民族群體大於漢族群體的顯著特徵。第二，城鄉內部的教育不公平對總體教育不公平及增長的相對貢獻，在漢族與少數民族群體間表現出較大的差異，其表現出少數民族群體城鎮及農村內部的教育不公平對總體教育不公平的平均貢獻均大於漢族群體的靜態特徵和少數民族群體農村內部教育不公平對總體教育不公平增長的正向貢獻大於漢族群體農村內部教育不公平對總體教育不公平增長的貢獻的動態特徵。

五、城鄉教育公平的階層差異

不同階層的群體不僅具有差異較大的影響教育獲得的家庭文化資本、經濟資本及社會資本，而且具有不同的影響家庭教育決策的城鄉背景。不同階層群體所處的城鄉文化、經濟等社會背景的差異具有不同的教育決策偏好，從而使得教育獲得的城鄉差異存在明顯的階層群體特徵。因此，本書結合不同年份樣本的階層劃分特徵及各階層劃分的樣本數量統一階層劃分，將歷年樣本劃分為上層、中層及下層[①]三個群體，利用公式（5-1）和（5-2）分別將三個群體的教育基尼系數在城鄉間進行分解，以進行對比分析，從上層、中層、下層三個不同群體的視角評估城鄉教育公平的情況及發展趨勢，具體結果如表5-7。

[①] 2010—2013年樣本將階層劃分為最底層、2層、3層、4層、5層、6層、7層、8層、最頂層9個階層，本書則將最底層及2~3層界定為下層，將4~6層界定為中層，將7~8層及最頂層界定為上層。2008年樣本中將階層劃分為平均、低於平均、遠低於平均、高於平均、遠高於平均5個階層，本書則將低於平均及遠低於平均2個階層界定為下層，將平均層界定為中層，將高於平均及遠高於平均2個階層界定為上層。2005年、2006年樣本中將階層劃分為下層、中下層、中層、中上層、上層5個階層，本書則將下層及中下層界定為下層，將中層界定為中層，將中上層及上層界定為上層。

表 5-7　　　　　　　　城鄉教育公平的階層差異

	年份		2005	2006	2008	2010	2011	2012	2013	2015
下層	G		0.275	0.253	0.263	0.319	0.324	0.326	0.336	0.321
	城鎮內部	絕對貢獻	0.038	0.038	0.042	0.042	0.040	0.042	0.041	0.038
		貢獻率（%）	13.93	14.91	15.9	13.23	12.35	12.75	12.27	11.68
	農村內部	絕對貢獻	0.041	0.058	0.059	0.104	0.130	0.106	0.147	0.148
		貢獻率（%）	14.91	22.86	22.6	32.54	40.03	32.4	43.74	46.14
	城鄉間	絕對貢獻	0.196	0.158	0.162	0.173	0.154	0.179	0.148	0.136
		貢獻率（%）	71.16	62.24	61.51	54.24	47.62	54.86	43.98	42.19
中層	G		0.242	0.222	0.220	0.283	0.277	0.281	0.278	0.286
	城鎮內部	絕對貢獻	0.035	0.029	0.031	0.039	0.037	0.038	0.039	0.039
		貢獻率（%）	14.27	13	13.93	13.95	13.48	13.53	14.02	13.79
	農村內部	絕對貢獻	0.045	0.036	0.027	0.062	0.078	0.077	0.081	0.097
		貢獻率（%）	18.66	16.17	12.12	21.76	27.98	27.41	29.03	33.86
	城鄉間	絕對貢獻	0.162	0.158	0.162	0.182	0.162	0.166	0.158	0.150
		貢獻率（%）	67.08	70.83	73.95	64.29	58.54	59.07	56.95	52.35
上層	G		0.220	0.235	0.210	0.279	0.271	0.269	0.264	0.253
	城鎮內部	絕對貢獻	0.030	0.031	0.023	0.040	0.038	0.034	0.038	0.037
		貢獻率（%）	13.72	13.28	10.81	14.19	14.02	12.61	14.57	14.56
	農村內部	絕對貢獻	0.046	0.031	0.014	0.040	0.068	0.062	0.052	0.061
		貢獻率（%）	20.82	13.43	6.7	14.29	24.99	23.03	19.74	23.95
	城鄉間	絕對貢獻	0.144	0.172	0.173	0.200	0.165	0.173	0.173	0.156
		貢獻率（%）	65.47	73.29	82.48	71.52	60.99	64.36	65.69	61.49

數據來源：根據公式（5-1）和（5-2）計算而得

從不同階層群體城鄉教育公平對總體教育公平的靜態貢獻來看：第一，在下層、中層及上層群體教育總體不公平呈從高到低的階梯形特徵的背景下（下層、中層、上層群體教育基尼系數平均值分別為 0.302、0.261、0.25），上層群體城鄉間教育不公平對總體教育不公平的貢獻額和貢獻率均大於中層及下層群體，上層群體城鄉間的平均貢獻額和貢獻率分別為 0.17、68.16%，比中層群體的 0.163、62.88%約高出 0.007 個單位和 5.28 個百分點，比下層群體的 0.163、54.72%約高出 0.007 個單位和 13.44 個百分點。第二，在各階層群體農村內部教育不公平對總體教育不

公平的貢獻均大於城鎮內部貢獻的背景下（下層、中層、上層農村內部的貢獻率分別為城鎮貢獻率的2.38、1.7、1.36倍，貢獻額分別為城鎮的2.47、1.75、1.38倍），下層群體農村內部的平均貢獻率大於上層及中層群體，其為31.9%，比上層群體的18.37%高出約13.53個百分點，比中層群體的23.37%高出約8.53個百分點；中層群體城鎮內部的平均貢獻率略高於上層及下層群體，其為13.75%，比下層群體的13.38%高出約0.37個百分點，比上層群體的13.47%高出約0.28個百分點。

從不同階層群體城鄉教育公平對總體教育公平的動態貢獻來看：第一，在各階層教育總體不公平增加的背景下（下層、中層、上層群體教育基尼系數分別增加約為0.046、0.044、0.033個單位），各階層群體城鄉間教育不公平對總體教育不公平增長的貢獻呈現出差異化的特徵，上層群體城鄉間教育不公平對總體教育不公平增長的貢獻為正向，約為34.85%，下層及中層群體城鄉間教育不公平對總體教育不公平增長的貢獻為負向，分別為-129%和-29.16%。第二，從農村內部教育不公平對總體教育不公平增長的貢獻來看，各階層的貢獻均為正向，且表現為從上層、中層至下層遞減的特徵，下層、中層及上層的貢獻分別為230.78%、118%及44.86%。第三，從城鎮內部教育不公平對總體教育不公平增長的貢獻來看，各階層表現為貢獻方向差異化的特徵。中層及上層的貢獻為正向，分別為11.16%、20.29%，下層貢獻為負，約為-1.67%。

由此可知：第一，城鄉間教育不公平仍然是各階層內部教育不公平的主要來源，且表現為上層群體貢獻突出且越來越突顯的特徵。第二，農村內部教育不公對各階層群體內部教育不公平的貢獻均大於城鎮，且在各階層群體間表現為階層越低其越顯著。第三，城鄉內部教育不公平對總體教育不公平及增長的相對貢獻表現出較大的階層差異。下層群體農村內部教育不公平對總體教育不公平的貢獻，較其他階層群體更為顯著且越來越顯著；下層群體城鎮部教育不公平對總體教育不公平的貢獻，較其他階層群體更為不顯著，且越來越不顯著。

六、城鄉教育公平的年齡差異

家庭教育決策中的城鄉差異不僅受到家庭背景因素的影響同時也會受決策者所處的政治、經濟、文化背景因素的影響。城鄉不同家庭的教育決策在家庭背景各因素的作用下表現出較大的差異，同時城鄉異質的家庭背景因素在影響家庭教育決策的過程中由於不同的社會發展階段，各地區經濟、文化、教育、就業、養老等環境的差異，導致城鄉居民教育獲得的差異存在明顯的年齡階段群體特徵。因此，本書根據樣本的實際出生時間，結合不同時代的群體特徵，將歷年樣本劃分為50年代前出生群體、50後出生群體、60後出生群體、70後出生群體及80後與90後出生群體①，利用公式（5-1）和（5-2）分別將五個群體的教育基尼系數在城鄉間進行分解，以進行對比分析，從50前、50後、60後、70後、80後和90後五個不同群體的視角評估城鄉教育公平的情況及發展趨勢，具體結果見表5-8。

表 5-8　　　　　　　城鄉教育公平的年齡差異

	年份		2005	2006	2008	2010	2011	2012	2013	2015
50前	G		0.378	0.345	0.333	0.458	0.458	0.452	0.494	0.441
	城鎮內部	絕對貢獻	0.137	0.113	0.127	0.023	0.079	0.087	0.087	0.070
		貢獻率（%）	36.21	32.84	38.07	4.96	17.19	19.15	17.57	15.92
	農村內部	絕對貢獻	0.047	0.047	0.036	0.282	0.120	0.109	0.132	0.125
		貢獻率（%）	12.41	13.76	10.80	61.45	26.28	24.11	26.71	28.28
	城鄉間	絕對貢獻	0.194	0.184	0.170	0.154	0.259	0.256	0.275	0.246
		貢獻率（%）	51.37	53.40	51.14	33.59	56.53	56.74	55.73	55.80

---

① 50前指1950年以前出生的群體，50後指1950—1959年出生的群體，60後指1960—1969年出生的群體，70後指1970—1979年出生的群體，80後和90後指1980年及以後出生的群體。

表5-8(續)

	年份	2005	2006	2008	2010	2011	2012	2013	2015
50後	G	0.262	0.293	0.284	0.336	0.344	0.332	0.820	0.342
	城鎮內部 絕對貢獻	0.059	0.062	0.074	0.058	0.040	0.048	0.013	0.039
	城鎮內部 貢獻率（%）	22.57	21.30	26.09	17.35	11.52	14.39	1.54	11.48
	農村內部 絕對貢獻	0.053	0.063	0.051	0.089	0.117	0.097	0.344	0.113
	農村內部 貢獻率（%）	20.17	21.38	18.07	26.35	34.07	29.22	42.01	33.16
	城鄉間 絕對貢獻	0.150	0.168	0.159	0.189	0.187	0.187	0.463	0.189
	城鄉間 貢獻率（%）	57.26	57.33	55.84	56.30	54.40	56.39	56.45	55.36
60後	G	0.210	0.205	0.204	0.242	0.227	0.233	0.236	0.248
	城鎮內部 絕對貢獻	0.046	0.041	0.049	0.036	0.030	0.033	0.023	0.025
	城鎮內部 貢獻率（%）	21.90	20.10	24.23	14.78	13.11	14.18	9.87	9.98
	農村內部 絕對貢獻	0.042	0.046	0.038	0.068	0.070	0.068	0.088	0.095
	農村內部 貢獻率（%）	19.81	22.22	18.37	27.86	30.79	29.39	37.13	38.34
	城鄉間 絕對貢獻	0.123	0.118	0.117	0.139	0.127	0.132	0.125	0.128
	城鄉間 貢獻率（%）	58.29	57.67	57.40	57.36	56.10	56.43	53.00	51.68
70後	G	0.190	0.192	0.208	0.214	0.205	0.213	0.208	0.221
	城鎮內部 絕對貢獻	0.046	0.038	0.054	0.034	0.025	0.022	0.028	0.023
	城鎮內部 貢獻率（%）	24.29	19.79	26.10	15.75	11.98	10.16	13.51	10.61
	農村內部 絕對貢獻	0.032	0.040	0.032	0.047	0.062	0.090	0.057	0.078
	農村內部 貢獻率（%）	16.61	20.91	15.44	21.93	30.34	42.08	27.44	35.37
	城鄉間 絕對貢獻	0.112	0.114	0.121	0.133	0.118	0.102	0.123	0.120
	城鄉間 貢獻率（%）	59.10	59.30	58.47	62.32	57.68	47.76	59.05	54.02
80後和90後	G	0.157	0.148	0.156	0.169	0.160	0.165	0.152	0.160
	城鎮內部 絕對貢獻	0.047	0.035	0.049	0.031	0.022	0.023	0.021	0.019
	城鎮內部 貢獻率（%）	29.97	23.77	31.09	18.32	13.66	14.04	14.08	11.61
	農村內部 絕對貢獻	0.017	0.024	0.019	0.035	0.043	0.045	0.043	0.056
	農村內部 貢獻率（%）	11.15	16.04	12.03	20.89	27.03	27.28	28.26	34.78
	城鄉間 絕對貢獻	0.092	0.089	0.089	0.103	0.095	0.097	0.088	0.086
	城鄉間 貢獻率（%）	58.87	60.19	56.88	60.79	59.30	58.68	57.66	53.61

數據來源：根據公式（5-1）和（5-2）計算而得

從各年齡層間城鄉教育公平對總體教育公平的靜態貢獻來看：第一，在各年齡層群體教育總體不公平呈從高到低的階梯形特徵的背景下（50

前、50後、60後、70後、80後和90後各群體教育基尼系數平均值分別為0.42、0.38、0.23、0.21、0.16），城鄉間教育不公平對總體教育不公平的貢獻額呈現出隨年齡層的降低而降低的特徵，貢獻率基本呈現隨年齡層的降低而提高的特徵，50前、50後、60後、70後、80後和90後群體的平均貢獻額分別為0.22、0.21、0.13、0.12、0.09，其平均貢獻率分別為51.79%、56%、56%、57.21%、58.25%。第二，在各年齡層群體內農村內部教育不公平對總體教育不公平的貢獻均大於城鎮內部貢獻的背景下（50前、50後、60後、70後、80後和90後各群體農村內部的貢獻率分別為城鎮內部貢獻率的1.12、1.78、1.75、1.59、1.13倍，貢獻額分別為城鎮內部的1.24、2.35、1.81、1.62、1.14倍），從各年齡層間城鄉間教育不公平對總體教育公平的貢獻額的差別來看，各年齡群體城鄉間的教育不公平對總體教育不公平的平均貢獻額均呈隨年齡層降低而降低的特徵。從各年齡層間城鄉間教育不公平對總體教育不公平的平均貢獻率的差別來看，50前群體城鎮內部的平均貢獻率居於首位，其為22.74%，比50後群體的17.58%高出約5.16個百分點，比60後群體的16.02%高出約6.72個百分點，比70後群體的16.52%高出約6.22個百分點，比80後和90後群體的19.57%高出約3.14個百分點；50後群體農村內部的平均貢獻率居於首位，其為28.05%，比50前群體的25.48%高出約2.77個百分點，比60後群體的27.99%高出約0.06個百分點，比70後群體的26.27%高出約1.98個百分點，比80後和90後群體的22.18%高出約6.07個百分點。

從各年齡層間城鄉教育公平對總體教育公平的動態貢獻來看：第一，在各年齡層群體教育總體不公平增加的背景下（50前、50後、60後、70後、80後和90後群體教育基尼系數分別增加約為0.063、0.08、0.038、0.032、0.003個單位），除80後和90後群體外，其他年齡層群體城鄉間教育不公平對總體教育不公平的貢獻均呈遞增態勢，50前、50後、60後、70後、80後和90後群體的貢獻分別為82.46%、49.1%、14.88%、23.5%、-229%。第二，在各年齡層群體內農村內部教育不公平對總體教育不公平的貢獻呈遞增趨勢，城鎮貢獻呈遞減趨勢的背景下，城鄉內部教育不公平對總體教育不公平增長的貢獻存在顯著的年齡層差異特徵。從城

鎮內部教育不公平對總體教育不公平增長的貢獻來看，80後和90後群體的負向貢獻最大，其負向貢獻率高達974%，比50前群體的106%高出約868個百分點，比50後群體的25%高出約949個百分點，比60後群體的56%高出約918個百分點，比70後群體的72%高出約902個百分點；從農村內部教育不公平對總體教育不公平的貢獻來看，80後和90後群體的正向貢獻最大，其正向貢獻率高達1,303%，比50前群體的124%高出約1,179個百分點，比50後群體的76%高出約1,227個百分點，比60後群體的142%高出約1,161個百分點，比70後群體的148%高出約1,155個百分點。

由此可知：第一，城鄉間教育不公平仍然是各年齡層內部教育不公平的主要來源，且表現出低年齡層群體貢獻突出的特徵。第二，農村內部教育不公平對各年齡層群體內部教育不公平的貢獻均大於城鎮，且表現出顯著的年齡層差異特徵，50後群體最顯著，50前群體最不顯著。第三，城鄉內部的不公平對總體教育不公平及增長的相對貢獻表現出較大的年齡層差異。80後和90後群體城鎮及農村內部教育不公平對總體教育不公平增長的貢獻，較其他年齡層群體更為顯著。

第三節　結論與政策啟示

一、研究結論

本書基於CGSS歷年數據，從性別、地區、民族、階層及年齡等多維視角綜合評估了城鄉教育差距的情況及變化趨勢。研究結果表明：

第一，城鄉間的教育不公平是總體及各群體內部教育不公平的主要來源，且其貢獻率表現出微弱的性別及年齡差異和較大的地區、階層及民族差異特徵。城鄉間教育不公平對總體及各群體內部教育不公平的歷年平均貢獻率均處於45%以上的水準，且男性貢獻率比女性高約0.18個百分點，

漢族比少數民族高約 8.89 個百分點，東部地區比中部及東部地區分別高約 17.92 和 23.45 個百分點，上層群體比下層及中層群體分別高約 13.44 和 5.28 個百分點。

第二，城鄉間的教育不公平對總體教育不公平增長的貢獻方向及程度表現出顯著的性別、地區、民族、階層及年齡特徵。從總體特徵來看，城鄉間的教育不公平對總體教育不公平增長的貢獻為負向，這意味著城鄉間的教育不公平對總體教育不公平增長的貢獻下降；從性別差異來看，城鄉間的教育不公平對男、女性群體內部總體教育不公平增長的貢獻均為正向，且女性顯著於男性，這意味著城鄉間的教育不公平對男、女性群體內部總體教育不公平增長的貢獻上升，且女性上升的速度大於男性；從地區差異來看，城鄉間的教育不公平對各經濟發展區群體內部總體教育不公平增長的貢獻均為負向，且西部顯著於東部與中部，這意味著城鄉間的教育不公平對各經濟發展區群體內部總體教育不公平增長的貢獻下降，且西部下降的速度大於中部和東部；從民族差異來看，城鄉間的教育不公平對各民族群體內部總體教育不公平增長的貢獻均為負向，且少數民族顯著於漢族，這意味著城鄉間的教育不公平對各民族群體內部總體教育不公平增長的貢獻下降，且少數民族下降的速度大於漢族；從階層差異來看，城鄉間的教育不公平對下層和中層群體內部總體教育不公平增長的貢獻為負向，對上層群體增長的貢獻為正向，這意味著城鄉間的教育不公平對下層及中層群體內部總體教育不公平增長的貢獻下降，對上層群體貢獻上升；從年齡差異來看，城鄉間的教育不公平對 80 後和 90 後群體內部總體教育不公平增長的貢獻為負向，對其他年齡層群體貢獻為正向，這意味著城鄉間的教育不公平對 80 後和 90 後群體內部總體教育不公平增長的貢獻下降，對其他年齡層的貢獻上升。

第三，農村內部教育不公平對總體及各群體內部教育不公平的貢獻處於較高水準，且高於城鎮，同時其高於城鎮的特徵具有顯著的性別、地區、民族、階層及年齡差異性。農村內部教育不公平對總體及各群體內部教育不公平的平均貢獻率比城鎮均高出 4 個百分點以上，女性群體城鄉貢獻率之差達 6.88 個百分點，比男性群體的城鄉貢獻率之差高約 3.53 個百

分點；西部地區城鄉貢獻率之差比中部和東部地區分別高約 7.57 和 27.433 個百分點；少數民族城鄉貢獻率之差比漢族高約 8.29 個百分點；下層群體城鄉貢獻率之差比中層和上層群體分別高約 8.89 和 13.62 個百分點；50 後群體城鄉貢獻率之差比 50 前、60 後、70 後、80 後和 90 後群體分別高約 9.53、0.3、2.52 和 9.66 個百分點。

第四，從長期來看，農村內部教育不公平對總體及各群體內部教育不公平的貢獻大於男性的特徵在性別、地區、民族、階層及各年齡群體內部將進一步強化，這一特徵在性別、民族、各年齡群體表現得更為顯著。這是由農村內部教育不公平對總體及各群體內部教育不公平的貢獻呈波動中上升的趨勢，而城鎮貢獻在總體及大多數群體內部層呈下降趨勢，且城鄉間的貢獻也呈下降趨勢所致。

二、政策啟示

城鄉間教育不公平的貢獻儘管比重下降但仍處於較高水準，這說明城鄉間的教育不公平程度較高，且在東部地區、漢族群體及上層群體間表現得尤為突出。同時農村內部教育不公平問題較城鎮更為突出，這一特徵在西部地區、少數民族群體內部及下層群體內部尤為顯著，而且在少數民族地區農村內部教育不公平高於城鎮的特徵進一步強化的趨勢尤為明顯。因此，政府應加大對城鄉間及西部地區、少數民族群體內部及下層群體內部農村內部教育不公平問題的關注力度，從教育資源的供給和配置的雙重視角促進城鄉教育公平。

一方面，從教育資源供給的視角，加大教育的投入力度，特別是加大對教育資源相對短缺的西部地區、少數民族群體及下層群體的農村戶籍居民的教育投入，提高教育經費的保障水準。同時在平衡性別間、地區間、民族間、階層間教育資源時，不僅要促進教育資源在不同群體間的城鄉均衡供給，還要重點發展西部地區、少數民族聚居區及下層群體的農村戶籍居民的優質教育資源，為其提供政策、資金支持，以阻斷教育資源在該群體內部及群體間城鄉間分配的供給約束，縮小城鄉教育差距。

另一方面，教育資源的城鄉配置決定了城鄉教育資源獲得的差別，而

社保政策、勞動力市場的就業政策、生育政策等經濟、文化和社會發展政策的城鄉差別是教育資源城鄉配置的核心決定因素，因此政府應通過統籌經濟、文化及社會發展政策來阻斷教育資源配置城鄉差異的決定因素的影響，特別是要突破西部地區、少數民族及下層群體內部教育資源城鄉配置均衡的障礙，建立健全城鄉均衡的養老保障制度、就業競爭機制等經濟文化環境，促進城鄉教育公平。

第六章　性別教育公平的測度

　　當所有人，不管有沒有地位、財富，屬不屬於特權群體，不管他們的性別、少數族群的地位或社會階級背景，都有平等的機會在社會中獲得較高的社會經濟地位，這時機會均等才存在，這就要求在個人成功道路上排除諸如偏見、無知和「能治愈的受損」①等障礙。

——加德納（Gardner）

　　教育公平是社會公平的基礎與主要內容，教育公平的實現對促進社會公平具有重大意義。性別公平作為教育公平的重要維度之一，是衡量教育公平與否的重要指標，也是全球社會發展及教育發展的基本價值取向。聯合國教科文組織世界教育論壇於 2000 年通過的《達喀爾行動綱領》及 2000 年聯合國首腦會議上制定的「千年發展目標」都將促進教育的性別公平作為教育發展的重要目標，中國政府於 2011 年頒布的《中國婦女發展綱要（2011—2020 年）》及於 2016 年頒布的《國家人口發展規劃（2016—2030 年）》均提出要大力促進社會性別平等。

　　已有研究顯示，隨著中國經濟發展、社會進步以及教育公平政策的不斷推進，教育的性別差距逐漸縮小。如 Bauer 等（1992）、Hannum 和 Xie（1994）、李春玲（2010）、葉華和吳曉剛（2011）等認為中國女性受教育的地位得以改善，甚至在受教育年限和升學率方面超過男性；吳愈曉

---

①「能治愈的受損」是指譬如身體疾病等情況。

（2012）、鄭磊（2013）、孫百才（2014）、衛麗紅（2016）、蔡棟梁（2016）等認為中國居民教育的性別不平等呈持續下降的趨勢，但在教育性別不平等呈下降的同時，不同群體間教育性別公平呈現明顯的異質性；郭冬生（2008）認為在農村居民的掃盲教育、義務教育階段學童失學或輟學、高中階段學生的入學率、高等教育階段學生的專業選擇等方面，男女性別比例仍然存在比較明顯的問題；李春玲（2009、2010、2014）、吳愈曉（2012）等認為農村地區和家庭經濟地位較低的群體教育性別不平等更為突出；鄭磊（2013）認為中國在一定程度上縮小了教育性別差異，但女性在更高層次教育的入學機會、輟學風險、教育質量等教育獲得和教育成就的指標上仍顯著落後於男性；張丹、範國睿（2014）認為學校教育中不同性別學生的受教育過程差異明顯；王偉宜、李潔（2015）認為在男女性各自主導的學科中，性別間的教育差異比較顯著；衛紅麗（2016）認為農村性別差異問題仍比城市嚴重；蔡棟梁（2016）認為儘管中國居民教育的性別不平等呈現持續下降的趨勢，但這種差異在群體之間顯著不同。因此教育的性別公平問題仍然是一個值得關注和研究的問題。

　　教育的性別公平不僅是關注總體上的公平，而且是追求在不同階層、不同家庭類型、不同民族、不同地區以及城鄉等群體間在受教育機會、教育過程和教育結果等方面的多維公平。在教育的性別差距總體上逐步縮小的情況下，教育性別平等化是呈弱化還是強化的趨勢？城鄉間、地區間、民族間、各階層間、各年齡階段間等不同群體教育不平等的現狀和趨勢如何？對於上述問題的回答，不僅對正確判斷中國教育性別公平問題有重要意義，還是尋求促進教育性別公平有效政策立足點的關鍵。現有關於教育性別公平的研究，主要集中於對教育性別差異原因的研究及全國總體教育性別差異情況的研究，而對不同群體教育性別差異情況的研究較少，郭冬生（2008）、吳愈曉（2012）、李春玲（2014）、衛紅麗（2016）等儘管分別從不同教育階段、不同階層、城鄉對比的視角對教育性別公平的情況進行了判斷，但其判定是針對單一視角的簡單數據描述性分析，既沒有多維度體現教育性別不平等在不同群體的異質性特徵，也沒有揭示不同群體教育性別差異的變動趨勢。本研究致力於彌補這一研究缺陷，構建基於城

鄉、地區、民族、階層、年齡階段等多維視角的教育性別公平評價的分析框架，採用基尼系數及分解等有效的評價方法，基於 CGSS 調查數據，綜合評估當前教育性別公平的現狀及其變化趨勢，為後續研究提供研究立足點。

第一節　性別教育公平測度方法及樣本數據

一、測度方法

本書採用的是將總體教育公平在性別之間進行分解，以分析性別差距對總體教育公平的貢獻來評估教育性別公平的狀況及發展趨勢的方法，並從城鄉、地區、民族、階層、年齡階段等多維視角進行分解，綜合評估不同群體間教育性別差距的情況及變動趨勢，其中涉及教育公平的測度和分解。

1. 教育公平的測度

本書採用教育基尼系數作為衡量教育公平的指標，在計算教育基尼系數時採用受教育年限指標代表受教育情況，將各級受教育水準劃分為文盲組、小學程度組、初中程度組、中專或技校程度組、高中或職高程度組、大專程度組、本科程度組、研究生及以上程度組，並將各組的受教育年限分別定義為 0 年、6 年、9 年、11 年、12 年、15 年、16 年、19 年，以各級教育的人口數為權重，根據基尼系數是洛倫茲曲線圖中不平等面積與完全不平等面積的比值計算基尼系數，具體計算公式如下：

$$G = 1 - \sum_{i=1}^{5} (W_{i-1} + W_i) \cdot P_i \qquad (6-1)$$

公式（6-1）中，G 代表教育基尼系數，P_i 代表每組人口數量占總人口數量的比重，W_i 代表累計到第 i 組受教育年限占所有組受教育年限的比值。

2. 教育基尼系數的分解

本文利用 Junsen Zhang 的分解公式，將基尼系數分解為兩部分，即組內及組間，具體分解公式如下：

$$G = (P_1)^2 \cdot \frac{\mu_1}{\mu} \cdot G_1 + (P_2)^2 \cdot \frac{\mu_2}{\mu} \cdot G_2 + G_B \qquad (6-2)$$

公式（6-2）中，P_1、P_2 分別代表男性組和女性組的人口比重；μ_1、μ_2、μ 分別代表男性組、女性組及總人口平均受教育年限；G_1、G_2 分別代表男性組和女性組的教育基尼系數；G_B 代表性別差距對總體教育基尼系數的絕對貢獻；$(P_1)^2 \cdot \left(\frac{\mu_1}{\mu}\right) \cdot G_1$ 與 $(P_2)^2 \cdot \left(\frac{\mu_2}{\mu}\right) \cdot G_2$ 分別代表男性組和女性組對總體教育基尼系數的絕對貢獻。

二、樣本數據概況

本書採用的數據為中國綜合社會調查（CGSS）中 2003、2005、2006、2008、2010、2011、2012、2013 年[①]的數據。歷年樣本中受訪者個數分別為 5,894、10,372、10,151、6,000、11,783、5,620、11,765、11,438 個，男性樣本分別為 2,835、4,919、4,685、2,892、5,677、2,566、6,019、5,756 個，女性樣本分別為 3,059、5,453、5,466、3,108、6,106、3,054、5,746、5,682 個。根據本書研究內容，在其中選擇教育程度、性別、戶籍地（省、直轄市、自治區）、民族、階層 5 個指標的數據，並根據不同的分析維度對以上數據進行了整理和缺失值的處理[②]。從受教育程度來看，男性在較高教育階段樣本占比均高於女性，且隨著時間的推移，這一特徵逐步強化。

[①] 本書使用數據均來自 CGSS 項目，該調查項目為中國第一個具有綜合性和連續性的大型社會調查項目，由中國人民大學中國調查與數據中心負責執行。

[②] CGSS 歷年數據中，刪除了受教育程度指標中私塾、其他及不確定項以及戶籍地、民族、階層指標中其他及不確定項的樣本。

第二節　性別教育公平的測度與比較

一、性別教育公平的總體情況

本書利用 CGSS 歷年數據，根據公式（6-1）和（6-2）將衡量總體教育公平的教育基尼系數在性別間進行分解，分解後教育基尼系數分為三部分：一部分為男性組內教育公平對總體教育基尼系數的貢獻；另一部分為女性組內教育公平對總體教育基尼系數的貢獻；最後一部分為性別差異對教育基尼系數的貢獻，具體情況如表6-1。

表 6-1　　　　　　　　　　教育性別公平總體情況

年份		2003	2005	2006	2008	2010	2011	2012	2013
G		0.194	0.261	0.242	0.247	0.29	0.292	0.294	0.29
男性內部	絕對貢獻	0.042	0.053	0.047	0.052	0.059	0.053	0.069	0.066
	貢獻率（%）	21.6	20.21	19.24	21.14	20.53	18.03	23.56	22.72
女性內部	絕對貢獻	0.055	0.077	0.075	0.07	0.084	0.093	0.076	0.077
	貢獻率（%）	28.16	29.43	30.84	28.52	28.99	31.84	25.74	26.46
性別間	絕對貢獻	0.097	0.131	0.121	0.124	0.146	0.146	0.149	0.147
	貢獻率（%）	50.24	50.36	49.92	50.34	50.48	50.13	50.7	50.81

數據來源：根據公式（6-1）和（6-2）計算而得

從教育性別公平對總體教育公平的靜態貢獻來看：第一，性別間的教育不公平是總體教育不公平的主要來源，平均絕對貢獻額為 0.133，平均貢獻率達到 50.37%；第二，男性及女性內部的教育不公平也是總體教育不公平的重要來源，男性及女性內部的平均絕對貢獻額分別為 0.055、0.076，平均貢獻率分別為 20.88%、28.75%；第三，女性內部教育不公平對總體教育公平的貢獻大於男性，女性內部平均絕對貢獻額比男性高 0.02 個單位，貢獻率比男性高約 7.88 個百分點。

從教育性別公平對總體教育公平的動態貢獻來看：第一，在總體教育

不公平增長的態勢下，性別間及男性內部的教育不公平對總體教育不公平增長的貢獻增加。2003—2013 年，總體教育不公平增加 0.096 個單位，其中 0.05 個單位來源於性別間不公平的增加，0.024 個單位來源於男性內部不公平的增加，性別間的貢獻率達到 51.98%，高於其 50.37% 的平均水準，男性內部的貢獻率達到 24.98%，高於其 20.88% 的平均水準；第二，在總體教育不公平增長的態勢下，女性內部的教育不公平對總體教育公平增長的絕對貢獻額增加，但貢獻率降低。總體教育不公平的增加，女性內部教育不公平的絕對貢獻額為 0.022 個單位，貢獻率為 23.04%，低於其 28.75% 的平均貢獻率。

由此可知，不管是從靜態還是動態的視角來看，性別間的教育不公平是總體教育不公平的主要來源；女性內部教育不公平對總體教育不公平的貢獻大於男性，但從長期發展趨勢來看，男性內部教育不公平的貢獻將逐步提高。

二、性別教育公平的城鄉差異

性別平等觀念及各自認同的性別角色文化是影響教育獲得的重要因素，其存在明顯的城鄉群體差異特徵，Brooks 和 Bolzendahl（2004）認為處於城市的群體，平等意識較強，性別角色觀念通常更加開放。農村地區在經濟、社會和文化等方面都落後於城鎮地區，傳統的男尊女卑文化觀念根深蒂固，受現代文明的衝擊較弱，導致該群體平等意識比城鎮居民弱，性別角色觀念較為保守，從而使兩個群體在教育性別公平上存在較大差距。李春玲（2009）認為，城鄉因素對教育獲得存在顯著影響，農村地區的性別不平等比城鎮地區更嚴重。因此本文以戶口性質（農業戶口或非農業戶口）為劃分標準，將歷年樣本劃分為城市和農村兩個群體，利用公式（6-1）和（6-2）分別將兩個群體的教育基尼係數在性別間進行分解，以進行對比分析，從城鄉兩個不同群體的視角評估教育性別公平的情況及發展趨勢，具體結果如表 6-2。

表 6-2　　　　　　　　　城鄉間教育性別公平

年份			2003	2005	2006	2008	2010	2011	2012	2013
農村	G		0.218	0.289	0.272	0.272	0.321	0.318	0.329	0.319
	男性內部	絕對貢獻	0.03	0.057	0.05	0.053	0.022	0.052	0.075	0.067
		貢獻率(%)	13.56	19.76	18.18	19.49	6.99	16.21	22.77	21.04
	女性內部	絕對貢獻	0.084	0.084	0.085	0.081	0.151	0.107	0.085	0.089
		貢獻率(%)	38.38	29.1	31.16	29.93	47.07	33.69	25.94	27.81
	性別間	絕對貢獻	0.105	0.148	0.138	0.137	0.147	0.159	0.169	0.163
		貢獻率(%)	48.06	51.14	50.66	50.58	45.94	50.1	51.29	51.16
城市	G		0.188	0.199	0.177	0.189	0.209	0.2	0.199	0.196
	男性內部	絕對貢獻	0.042	0.041	0.036	0.042	0.046	0.041	0.049	0.048
		貢獻率(%)	22.27	20.44	20.36	22.09	22.14	20.44	24.79	24.51
	女性內部	絕對貢獻	0.052	0.059	0.053	0.052	0.058	0.059	0.049	0.049
		貢獻率(%)	27.49	29.42	29.82	27.64	27.6	29.42	24.91	25
	性別間	絕對貢獻	0.095	0.1	0.088	0.095	0.105	0.1	0.1	0.099
		貢獻率(%)	50.24	50.14	49.82	50.27	50.26	50.14	50.3	50.48

數據來源：根據公式（6-1）和（6-2）計算而得

　　從城鄉間教育性別不公平對總體教育不公平的靜態貢獻來看：第一，在農村地區教育總體不公平遠遠高於城市地區的背景下（農村地區教育基尼係數平均值為0.29，城市地區則為0.19，相差約為0.1），農村地區性別間及性別內部不公平對總體教育不公平的絕對貢獻額均高於城市地區，且性別間及女性內部更為明顯。農村地區性別間平均絕對貢獻額為0.146，城市地區則為0.098，相差約為0.048；農村地區女性及男性內部平均絕對貢獻額分別為0.096、0.05，城市地區則為0.054、0.043，相差為0.042、0.008。第二，城鄉性別間的平均貢獻率相差不大，農村地區性別間的平均貢獻率為49.87%，略小於城市地區的50.21%，但城鄉間性別內部的貢獻率相差較大，農村地區女性內部的平均貢獻率為32.89%，比城市地區的27.66%高出約5.22個百分點，農村地區男性內部的平均貢獻率為

17.25%，比城市地區的 22.13 低約 4.88 個百分點。

從城鄉間教育性別公平對總體教育公平的動態貢獻來看：第一，在農村地區教育總體不公平增加額大於城市地區的背景下（農村地區教育基尼系數增加額為 0.101，城市地區則為 0.008，相差約 0.093 個單位），農村地區性別間的教育不公平對總體教育不公平增長的貢獻大於城市地區，農村地區的貢獻率達 57.83%，比其平均貢獻率高約 7.96 個百分點，城市地區的貢獻率為 56.51%，比其平均貢獻率高約 6.31 個百分點。第二，與農村地區女性內部教育不公平對總體教育不公平增長的正向貢獻相反，城市地區女性內部教育不公平對總體教育不公的絕對貢獻和貢獻率均下降，其負向絕對貢獻額為 0.003 個單位，負向貢獻率為 36.15%。第三，儘管農村及城市地區男性內部教育不公平對總體教育不公增長的貢獻均增加，但城市地區的貢獻遠遠高於農村地區，城市地區男性內部教育不公平對總體教育不公平增長的正向貢獻率達 79.64%，而農村地區僅為 37.16%。

由此可知，性別間教育不公平仍然是城市與農村內部教育不公平的主要來源，且其作用越來越凸顯，女性內部教育不公平對城市內部與農村內部教育不公平的貢獻均大於男性。城鄉性別間教育不公平對總體教育不公平的相對貢獻差距較小，但這一差距有逐步轉向擴大的趨勢，其來源於農村地區貢獻度的較大幅度提高。城鄉間性別內部的不公平對總體教育不公平的相對貢獻差距較大，農村地區女性內部教育不公平的貢獻大於城市，且呈農村貢獻逐步擴大，城市貢獻逐步縮小的異化特徵；城市地區男性內部教育不公平的貢獻大於農村，兩個地區的貢獻均呈擴大趨勢。

三、性別教育公平的地區差異

根據工業化理論，現代化進程的推進會影響家庭教育決策的性別偏好。Treiman（2007）認為經濟發展會降低性別等先賦因素對教育獲得的影響，而提高自獲因素對教育獲得的影響。Hannum（2005）認為經濟條件較好的地區，子女教育投資的性別偏好越不明顯，其教育獲得的性別差異越小。而不管是現代化進程還是經濟發展在中國都呈現出較為明顯的地域差異特徵，從而使教育獲得的性別差異存在明顯的地區群體特徵。因此，

本書根據「七五」計劃對中國東部、中部、西部三個地區的劃分標準，以及西部大開發戰略中對部分地區的調整，將 31 個省（直轄市、自治區）劃分為三大經濟階梯發展地區，即東部地區①（經濟發達地區）、中部地區②（經濟中等發達地區）及西部地區③（經濟欠發達地區），並以此為依據將歷年樣本劃分為東部地區、中部地區和西部地區三個群體，利用公式（6-1）和（6-2）分別將三個群體的教育基尼系數在性別間進行分解，以進行對比分析，從東、中、西三個不同群體的視角評估教育性別公平的情況及發展趨勢，具體結果如表 6-3。

表 6-3　　　　　　　　　　地區間教育性別公平

	年份		2003	2005	2006	2008	2010	2011	2012	2013
東部地區	G		0.188	0.238	0.218	0.231	0.249	0.243	0.242	0.239
	男性內部	絕對貢獻	0.04	0.048	0.046	0.048	0.05	0.045	0.052	0.046
		貢獻率（%）	21.32	20.04	21.04	20.76	20.07	18.42	21.34	19.08
	女性內部	絕對貢獻	0.052	0.07	0.067	0.063	0.071	0.081	0.062	0.065
		貢獻率（%）	27.75	29.5	30.75	27.12	28.41	33.14	25.55	27.04
	性別間	絕對貢獻	0.096	0.12	0.105	0.12	0.128	0.118	0.128	0.129
		貢獻率（%）	50.93	50.45	48.21	52.12	51.52	48.45	53.11	53.88

---

　　① 東部地區為北京、天津、河北、遼寧、上海、江蘇、浙江、福建、山東、廣東和海南 11 個省（直轄市）。
　　② 中部地區為山西、吉林、黑龍江、安徽、江西、河南、湖北、湖南 8 個省。
　　③ 西部地區為重慶、四川、貴州、雲南、西藏、陝西、甘肅、青海、寧夏、新疆、內蒙古、廣西 12 個省（直轄市、自治區）。

表6-3(續)

	年份		2003	2005	2006	2008	2010	2011	2012	2013
中部地區		G	0.19	0.257	0.242	0.245	0.295	0.303	0.297	0.308
	男性內部	絕對貢獻	0.041	0.05	0.045	0.045	0.052	0.05	0.056	0.055
		貢獻率(%)	21.44	19.58	18.44	18.58	17.68	16.54	18.83	17.99
	女性內部	絕對貢獻	0.051	0.08	0.076	0.068	0.086	0.107	0.07	0.085
		貢獻率(%)	26.93	30.99	31.27	27.79	29.29	35.19	23.42	27.7
	性別間	絕對貢獻	0.098	0.127	0.122	0.131	0.156	0.146	0.171	0.167
		貢獻率(%)	51.63	49.44	50.29	53.63	53.03	48.27	57.75	54.31
西部地區		G	0.207	0.309	0.273	0.288	0.335	0.335	0.344	0.314
	男性內部	絕對貢獻	0.043	0.055	0.052	0.056	0.059	0.057	0.06	0.057
		貢獻率(%)	20.69	17.91	18.89	19.53	17.73	17.06	17.51	18.22
	女性內部	絕對貢獻	0.064	0.089	0.082	0.078	0.096	0.088	0.098	0.079
		貢獻率(%)	30.96	28.8	29.94	27.13	28.68	26.27	28.45	25.11
	性別間	絕對貢獻	0.1	0.164	0.14	0.154	0.179	0.19	0.186	0.178
		貢獻率(%)	48.35	53.29	51.17	53.35	53.59	56.68	54.04	56.68

從地區間教育性別不公平對總體教育不公平的靜態貢獻來看：第一，在東部、中部和西部地區教育總體不公平呈現出從低到高的階梯形特徵的背景下（東部、中部、西部地區教育基尼系數平均值分別為0.23、0.27、0.3），西部地區性別間教育不公平對總體教育不公平的貢獻額和貢獻率均大於東部及中部地區，西部地區的平均貢獻額和貢獻率分別為0.16、53.39%，比東部地區的0.12、51.08%高出約0.04個單位和2.31個百分點，比中部地區的0.14、52.295%高出約0.02個單位和1.1個百分點；第二，在各經濟發展區內性別內部教育不公平對總體教育不公平貢獻表現為女性內部貢獻均大於男性的背景下（東部、中部及西部地區女性內部的貢獻率分別為男性的1.41、1.56、1.53倍，貢獻額分別為男性的1.42、1.58、1.54倍），東部地區男性內部的平均貢獻率大於中部及西部地區，其為20.26%，比中部地區的18.64%高出約1.62個百分點，比西部地區

的18.44%高出約1.82個百分點，中部地區女性內部的平均貢獻率大於東部及西部地區，其為29.07%，比東部地區的28.66%高出約0.42個百分點，比西部地區的28.17%高出約0.91個百分點。

從地區間教育性別不公平對總體教育不公平的動態貢獻來看：第一，在各地區教育總體不公平增加的背景下（東部、中部、西部教育基尼系數分別增加了約為0.05、0.12、0.11個單位），各地區性別間教育不公平對總體教育不公平的貢獻均呈遞增態勢，但對總體教育不公平增長的貢獻有差距，西部地區性別間的教育不公平對總體教育不公平增長的貢獻大於東部及中部地區，西部地區的貢獻率達72.79%，比東部地區的64.69%高出約8.1個百分點，比中部地區的58.66%高出約14.13個百分點。第二，在各經濟發展區內性別內部教育不公平對總體教育不公平的貢獻均遞減的背景下，男女性別內部教育不公平對總體教育不公平增長的貢獻存在顯著的區域差異特徵。從男性內部教育不公平對總體教育不公平增長的貢獻來看，西部地區的貢獻上最大，其貢獻率為13.43%，比東部地區的10.86%高出約2.57個百分點，比中部地區的12.4%高出約1.03個百分點；從女性內部教育不公平對總體教育不公平增長的貢獻來看，中部地區的貢獻最大，其貢獻率為28.94%，比東部地區的24.46%高出約4.48個百分點，比西部地區的13.78%高出約15.16個百分點。

由此可知：第一，性別間教育不公平仍然是各經濟發展區內部教育不公平的主要來源，且在各經濟發展區間表現為經濟發展越落後地區對總體教育不公平及其增長的貢獻越大；第二，女性內部教育不公對各經濟發展區內部教育不公平的貢獻均大於男性，且在各經濟發展區間表現為經濟發展越落後地區其越顯著；第三，性別內部的教育不公平對總體教育不公平及增長的相對貢獻表現出較大的地區差異。經濟發達地區男性內部教育不公平對總體教育不公平的貢獻，較其他地區更為顯著；經濟中等發達地區女性內部教育不公平對總體教育不公平的貢獻，較其他地區更為顯著。

四、性別教育公平的民族差異

在不同的社會文化系統下，少數民族與漢族居民具有不同的性別認

知。李靜（2004）認為少數民族居民一方面長期生活在較為偏遠、封閉和分散的地區，對外界的人或事具有不同程度的排斥及封閉心理，對新鮮、複雜的事物很難接受，另一方面受宗教的影響，其具有比較明顯的女性性別角色印象，並且這種印象往往根深蒂固難以逆轉。少數民族女性性別角色印象導致少數民族家庭教育決策上具有較強的男性偏好的特徵，使教育獲得的性別差異存在明顯的民族群體特徵。因此，本書將歷年樣本劃分為漢族與少數民族兩個群體，利用公式（6-1）和（6-2）分別將兩個群體的教育基尼系數在性別間分解，以進行對比分析，從漢族和少數民族兩個不同群體的視角評估教育性別公平的情況及發展趨勢，具體結果如表6-4。

表 6-4　　　　　　　　　　　民族間教育性別公平

	年份		2003	2005	2006	2008	2010	2011	2012	2013
漢族	G		0.194	0.255	0.239	0.243	0.286	0.29	0.29	0.287
	男性內部	絕對貢獻	0.041	0.049	0.047	0.049	0.054	0.051	0.057	0.054
		貢獻率（%）	21.1	19.17	19.84	20.1	19.01	17.74	19.64	18.88
	女性內部	絕對貢獻	0.054	0.075	0.074	0.068	0.082	0.093	0.073	0.076
		貢獻率（%）	27.92	29.41	30.8	28.13	28.75	32.13	25.3	26.59
	性別間	絕對貢獻	0.099	0.131	0.118	0.126	0.149	0.145	0.16	0.157
		貢獻率（%）	50.98	51.41	49.36	51.77	52.24	50.14	55.06	54.53
少數民族	G		0.19	0.346	0.266	0.266	0.314	0.275	0.325	0.307
	男性內部	絕對貢獻	0.044	0.068	0.05	0.055	0.061	0.064	0.056	0.053
		貢獻率（%）	23.22	19.52	18.95	20.82	19.41	23.33	17.1	17.14
	女性內部	絕對貢獻	0.061	0.104	0.09	0.091	0.094	0.07	0.099	0.082
		貢獻率（%）	31.94	30.02	33.75	34.14	29.95	25.47	30.39	26.74
	性別間	絕對貢獻	0.085	0.175	0.126	0.12	0.159	0.141	0.171	0.173
		貢獻率（%）	44.84	50.46	47.3	45.04	50.64	51.21	52.51	56.12

從民族間教育性別公平對總體教育公平的靜態貢獻來看：第一，在少數民族群體內部教育總體不公平略高於漢族群體的背景下（少數民族群體

教育基尼系數平均值為0.286，漢族群體為0.261，相差為0.025），漢族群體性別間的教育不公平對總體教育不公平的平均貢獻率為51.94%，比少數民族群體的49.77%略高出約2.17個百分點，而少數民族群體性別間的教育不公平對總體教育不公平的平均貢獻額為0.144，比漢族群體的0.136略高出約0.008個單位。第二，在漢族及少數民族群體內部女性內部教育不公平對總體教育不公平的貢獻均大於男性內部貢獻的背景下（漢族及少數民族女性內部的貢獻率分別為男性的1.47、1.52倍，貢獻額分別為男性的1.48、1.53倍），少數民族群體在男性及女性內部教育不公平對總體教育不公平的貢獻率及貢獻額均略大於漢族群體。少數民族群體男性內部貢獻率及貢獻額分別為19.94%、0.056，比漢族群體的19.44%、0.05略高約0.5個百分點和0.006個單位，少數民族群體女性內部的貢獻率及貢獻額分別為30.3%、0.086，比漢族群體的28.63%、0.074略高約1.67個百分點和0.012個單位。

從民族間教育性別公平對總體教育公平的動態貢獻來看：第一，在漢族及少數民族群體教育總體不公平增加的背景下（漢族及少數民族群體教育基尼系數分別增加了約為0.094和0.118個單位），漢族及少數民族群體性別間教育不公平對總體教育不公平增長的貢獻均呈遞增態勢，但少數民族群體性別間的教育不公平對總體教育不公平增長的貢獻大於漢族群體，其貢獻率達74.31%，比漢族群體的61.86%高出約12.45個百分點。第二，在漢族及少數民族群體內部男女性內部教育不公平對總體教育不公平增長的貢獻均遞減的背景下，少數民族群體遞減速度高於漢族群體，使得漢族群體在男女性內部對總體教育不公平增長的貢獻均大於少數民族群體，且在男性內部貢獻方面更為突出，漢族群體男性及女性內部的貢獻分別為14.29%、23.85%，比少數民族群體的7.32%、18.37%分別高出約6.96和5.48個百分點。

由此可知：第一，性別間教育不公平仍然是各民族區內部教育不公平的主要來源，儘管從性別間教育不公平對總體教育不公平貢獻的平均貢獻水準來看，漢族和少數民族群體差別不大，但從發展趨勢來看，表現出少數民族群體大於漢族群體的顯著特徵；第二，性別內部的教育不公平對總

體教育不公平及增長的相對貢獻,在漢族與少數民族群體間表現出較大的差異,其表現出少數民族群體性別內部的教育不公平對總體教育不公平的平均貢獻均大於漢族群體的靜態特徵及漢族群體性別內部的教育不公平對總體教育不公平增長的貢獻均大於少數民族地區的動態特徵。

五、性別教育公平的階層差異

不同階層的群體不僅具有差異較大的影響教育獲得的家庭文化資本、經濟資本及社會資本,而且具有不同的影響家庭教育決策性別偏好的社會性別文化認同。中國傳統的以男尊女卑、男主女從等帶有「男權」色彩的性別文化形成了男強女弱、男剛女柔、男主外女主內等將女性置於從屬地位的性別角色觀念,並通過強大的倫理、道德、風俗和一些排斥女性的社會政策制度強化男性重事業而女性重家庭的價值取向和男高女低的成就認同。雖然經濟社會的變遷在一定程度上弱化了這一性別角色觀念,但由於重男輕女的社會性別文化及性別制度背景未得到根本改善,此種性別文化仍然被認同。不同階層群體在經濟社會地位上的差距決定了其特有的階層文化,導致其具有差異較大的性別文化認同,不同的性別文化認同影響和決定了教育決策的性別偏好,從而使教育獲得的性別差異存在明顯的階層群體特徵。因此,本書結合不同年份樣本階層劃分特徵及各階層劃分的樣本數量統一階層劃分,將歷年樣本劃分為上層、中層及下層[①]三個群體,利用公式(6-1)和(6-2)分別將三個群體的教育基尼系數在性別間進行分解,以進行對比分析,從上層、中層、下層三個不同群體的視角評估教育性別公平的情況及發展趨勢,具體結果如表6-5。

[①] 2010—2013年樣本將階層劃分為最底層、2層、3層、4層、5層、6層、7層、8層、最頂9個階層,本書則將最底層及2~3層界定為下層,將4~6層界定為中層,將7~8層及最頂層界定為上層。2008年樣本中將階層劃分為平均、低於平均、遠低於平均、高於平均、遠高於平均5個階層,本書則將低於平均及遠低於平均2個階層界定為下層,將平均層界定為中層,將高於平均及遠高於平均2個階層界定為上層。2003年、2005年、2006年樣本中將階層劃分為下層、中下層、中層、中上層、上層5個階層,本書則將下層及中下層界定為下層,將中層界定為中層,將中上層及上層界定為上層。

表 6-5　　　　　　　　　　　階層間教育性別公平

	年份		2003	2005	2006	2008	2010	2011	2012	2013
下層	G		0.192	0.277	0.248	0.266	0.312	0.32	0.322	0.329
	男性內部	絕對貢獻	0.041	0.052	0.049	0.05	0.058	0.053	0.059	0.055
		貢獻率(%)	21.54	18.61	19.73	18.79	18.55	16.47	18.23	16.78
	女性內部	絕對貢獻	0.052	0.082	0.077	0.079	0.087	0.093	0.074	0.079
		貢獻率(%)	26.97	29.5	30.99	29.77	28	28.94	23.08	23.9
	性別間	絕對貢獻	0.099	0.144	0.122	0.137	0.167	0.175	0.189	0.195
		貢獻率(%)	51.48	51.89	49.29	51.44	53.45	54.58	58.7	59.31
中層	G		0.176	0.244	0.215	0.22	0.273	0.272	0.277	0.27
	男性內部	絕對貢獻	0.039	0.049	0.042	0.046	0.051	0.05	0.054	0.052
		貢獻率(%)	21.87	20	19.52	21	18.6	18.4	19.52	19.31
	女性內部	絕對貢獻	0.052	0.072	0.066	0.062	0.081	0.091	0.074	0.075
		貢獻率(%)	29.22	29.43	30.87	28.02	29.66	33.51	26.82	27.86
	性別間	絕對貢獻	0.086	0.123	0.107	0.112	0.141	0.131	0.149	0.143
		貢獻率(%)	48.91	50.56	49.6	50.99	51.74	48.08	53.66	52.83
上層	G		0.176	0.225	0.218	0.209	0.258	0.266	0.26	0.25
	男性內部	絕對貢獻	0.036	0.045	0.042	0.042	0.053	0.052	0.059	0.048
		貢獻率(%)	20.33	19.94	19.43	19.86	20.74	19.52	22.73	19.27
	女性內部	絕對貢獻	0.047	0.063	0.061	0.049	0.075	0.081	0.069	0.065
		貢獻率(%)	26.52	28.01	27.8	23.5	28.94	30.46	26.55	26.12
	性別間	絕對貢獻	0.093	0.117	0.115	0.119	0.13	0.133	0.132	0.137
		貢獻率(%)	53.15	52.06	52.77	56.65	50.32	50.03	50.72	54.61

從階層間教育性別公平對總體教育公平的靜態貢獻來看：第一，在下層、中層及上層群體教育總體不公平呈從高到低的階梯形特徵的背景下（下層、中層、上層群體教育基尼系數平均值分別為 0.28、0.24、0.23），下層群體性別間教育不公平對總體教育不公平的貢獻額和貢獻率均大於中

層及上層群體，下層群體的平均貢獻額和貢獻率分別為0.15、53.76%，比中層群體的0.12、50.8%約高出約0.03個單位和2.97個百分點，比上層群體的0.12、52.54%高出約0.03個單位和1.23個百分點；第二，在各階層群體內部女性內部教育不公平對總體教育不公平的貢獻均大於男性內部貢獻的背景下（下層、中層、上層女性內部的貢獻率分別為男性貢獻率的1.49、1.49、1.35倍，貢獻額分別為男性的1.49、1.5、1.35倍），上層群體男性內部的平均貢獻率大於下層及中層群體，其為20.23%，比下層群體的18.59%高出約1.66個百分點，比中層群體的19.78%略高出約0.45個百分點；中層群體女性內部的平均貢獻率大於下層及上層群體，其為29.42%，比下層群體的27.64%高出約1.78個百分點，比上層群體的27.24%高出約2.19個百分點。

　　從階層間教育性別公平對總體教育公平的動態貢獻來看：第一，在各階層教育總體不公平增加的背景下（下層、中層、上層群體教育基尼系數分別增加約為0.14、0.09、0.07個單位），各階層群體性別間教育不公平對總體教育不公平增長的貢獻均呈遞增態勢，且對總體教育不公平增長的貢獻表現為隨層級的提高而貢獻降低的特徵，下層、中層、上層群體的貢獻分別為70.32%、60.24%、58.05%；第二，在各階層群體內男女性內部教育不公平對總體教育不公平的貢獻均遞減的背景下，男女性別內部教育不公平對總體教育不公平增長的貢獻存在顯著的階層差異特徵。從男性內部教育不公平對總體教育不公平增長的貢獻來看，上層群體的貢獻最大，其貢獻率為16.76%，比中層群體的14.47%高出約2.2個百分點，比下層群體的10.09%高出約6.67個百分點；從女性內部教育不公平對總體教育不公平的貢獻來看，中層及上層群體水準一致高於下層群體，其貢獻率分別為25.29%和25.16%，比下層群體的19.59%分別高出約5.7和5.57個百分點。

　　由此可知：第一，性別間教育不公平仍然是各階層內部教育不公平的主要來源，且表現出下層群體貢獻突出的特徵。第二，女性內部教育不公平對各階層群體內部教育不公平的貢獻均大於男性，且在各階層群體間表現為階層越低其越顯著。第三，性別內部的不公平對總體教育不公平及增長的相對貢獻表現出較大的階層差異。上層群體男性內部教育不公平對總體

教育不公平增長的貢獻，較其他階層群體更為顯著，中層群體女性內部教育不公平對總體教育不公平的貢獻，較其他階層群體更為顯著。

六、性別教育公平的年齡差異

家庭教育決策中的性別偏好不僅受到家庭背景因素的影響，同時也會受決策者所處的政治、經濟、文化背景因素的影響。家庭教育資源如何在子女間分配，取決於教育投入產生的收益對比，即父母從孩子身上得到的精神滿足、經濟效用（將來為家庭帶來的經濟收益）與保險效用（將來為父母提供養老生活保障）的對比，而在不同的社會發展階段，就業、養老、生育政策及文化環境均有所不同，其導致不同性別子女的教育投入給教育決策者帶來的精神滿足、經濟效用及保險效用差別較大，從而導致出生在不同社會發展階段的家庭決策者具有差異較大的教育投入的性別偏好，使教育獲得的性別差異存在明顯的年齡階段群體特徵。因此，本書根據樣本的實際出生時間，結合不同時代的群體特徵，將歷年樣本劃分為50前出生群體、50後出生群體、60後出生群體、70後出生群體、80後和90後出生群體，利用公式（6-1）和（6-2）分別將五個群體的教育基尼係數在性別間進行分解，以進行對比分析，從50前、50後、60後、70後、80後和90後五個不同群體的視角評估教育性別公平的情況及發展趨勢，具體結果如表6-6。

表 6-6 各年齡階段間教育性別公平

	年份		2003	2005	2006	2008	2010	2011	2012	2013
	G		0.28	0.377	0.33	0.333	0.432	0.445	0.441	0.473
50前	男性內部	絕對貢獻	0.067	0.097	0.078	0.084	0.101	0.093	0.124	0.12
		貢獻率（％）	23.94	25.72	23.51	25.28	23.36	20.93	28.16	25.38
	女性內部	絕對貢獻	0.069	0.084	0.084	0.077	0.104	0.117	0.087	0.101
		貢獻率（％）	24.5	22.3	25.28	23.01	24.05	26.37	19.84	21.44
	性別間	絕對貢獻	0.144	0.196	0.169	0.172	0.227	0.234	0.229	0.252
		貢獻率（％）	51.56	51.98	51.21	51.71	52.59	52.7	52	53.18

表6-6(續)

	年份		2003	2005	2006	2008	2010	2011	2012	2013
50後		G	0.189	0.266	0.281	0.285	0.324	0.343	0.33	0.321
	男性內部	絕對貢獻	0.042	0.052	0.052	0.058	0.069	0.065	0.079	0.073
		貢獻率(%)	22.19	19.54	18.66	20.26	21.14	18.81	23.98	22.69
	女性內部	絕對貢獻	0.051	0.079	0.086	0.082	0.088	0.098	0.08	0.08
		貢獻率(%)	27.05	29.53	30.63	28.74	27.22	28.57	24.23	24.91
	性別間	絕對貢獻	0.096	0.135	0.143	0.146	0.167	0.181	0.171	0.168
		貢獻率(%)	50.76	50.93	50.71	51	51.64	52.63	51.79	52.4
60後		G	0.148	0.213	0.204	0.208	0.241	0.224	0.234	0.234
	男性內部	絕對貢獻	0.035	0.038	0.036	0.045	0.046	0.039	0.057	0.052
		貢獻率(%)	23.69	17.66	17.76	21.84	19.16	17.19	24.24	22.42
	女性內部	絕對貢獻	0.038	0.069	0.066	0.057	0.074	0.073	0.058	0.062
		貢獻率(%)	25.88	32.53	32.42	27.38	30.62	32.51	24.74	26.49
	性別間	絕對貢獻	0.075	0.106	0.102	0.106	0.121	0.113	0.119	0.119
		貢獻率(%)	50.42	49.81	49.82	50.78	50.23	50.3	51.02	51.09
70後		G	0.144	0.193	0.195	0.211	0.216	0.205	0.222	0.208
	男性內部	絕對貢獻	0.026	0.034	0.033	0.039	0.043	0.036	0.049	0.048
		貢獻率(%)	18.18	17.65	16.93	18.49	19.67	17.33	22.06	22.94
	女性內部	絕對貢獻	0.047	0.063	0.066	0.067	0.066	0.068	0.061	0.056
		貢獻率(%)	32.43	32.86	33.92	31.61	30.3	33.16	27.61	26.77
	性別間	絕對貢獻	0.071	0.095	0.096	0.105	0.108	0.102	0.112	0.105
		貢獻率(%)	49.39	49.5	49.15	49.89	50.03	49.51	50.32	50.3

表6-6(續)

年份			2003	2005	2006	2008	2010	2011	2012	2013
80後和90後	G		0.12	0.16	0.151	0.16	0.169	0.16	0.165	0.164
	男性內部	絕對貢獻	0.024	0.034	0.032	0.035	0.036	0.031	0.033	0.037
		貢獻率(%)	20.14	21.42	21.41	22.25	21.06	19.24	20.06	22.77
	女性內部	絕對貢獻	0.036	0.046	0.044	0.044	0.049	0.05	0.05	0.045
		貢獻率(%)	30.16	28.57	28.83	27.84	29.12	31.39	30.14	27.16
	性別間	絕對貢獻	0.06	0.08	0.075	0.08	0.084	0.079	0.082	0.082
		貢獻率(%)	49.71	50.01	49.76	49.9	49.82	49.37	49.81	50.07

　　從各年齡層間教育性別公平對總體教育公平的靜態貢獻來看：第一，在各年齡階段群體教育總體不公平呈從高到低的階梯形特徵的背景下（50前、50後、60後、70後、80後和90後群體教育基尼系數平均值分別為0.39、0.29、0.21、0.2、0.16），性別間教育不公平對總體教育不公平的貢獻額和貢獻率均呈現隨年齡層的降低而降低的特徵，50前、50後、60後、70後、80後和90後群體的平均貢獻額分別為0.2、0.15、0.11、0.1、0.08，其平均貢獻率分別為52.12%、51.48%、50.43%、49.76%、49.81%；第二，在各年齡層群體內（除50前群體）女性內部教育不公平對總體教育不公平的貢獻均大於男性內部貢獻的背景下（50後、60後、70後、80後和90後群體女性內部的貢獻率分別為男性貢獻率的1.32、1.42、1.62、1.39倍，貢獻額分別為男性的1.31、1.43、1.6、1.39倍），從各年齡層間性別內部教育不公平對總體教育公平的貢獻額的差別來看，各年齡群體性別內部的教育不公平對總體教育不公平的平均貢獻額均呈隨年齡層降低而降低的特徵。從各年齡層間性別內部教育不公平對總體教育不公平的平均貢獻率的差別來看，50前群體男性內部的平均貢獻率居於首位，其為24.54%，比80後和90後群體的21.04%高出約3.5個百分點，比50後群體的20.91%高出約3.63個百分點，比60後群體的20.5%高出約4.04個百分點，比70後群體的19.16%高出約5.38個百分點；70後群體女性內部的平均貢獻率居於首位，其為31.08%，比80後和90後群體的

29.15%高出約1.93個百分點，比60後群體的29.07%高出約2.01個百分點，比50後群體的27.61%高出約3.47個百分點，比50前群體的23.35%高出約7.73個百分點。

從各年齡層間教育性別公平對總體教育公平的動態貢獻來看：第一，在各年齡層群體教育總體不公平增加的背景下（50前、50後、60後、70後、80後和90後群體教育基尼系數分別增加了約為0.19、0.13、0.09、0.06、0.04個單位），各年齡層群體性別間教育不公平對總體教育不公平的貢獻均呈遞增態勢，且對總體教育不公平增長的貢獻表現出隨年齡層級的降低貢獻越低的特徵，50前、50後、60後、70後、80後和90後群體的貢獻分別為55.53%、54.74%、52.24%、52.37%、51.08%。第二，在各年齡層群體內男性內部教育不公平對總體教育不公平的貢獻呈遞增、女性貢獻呈遞減的背景下，男女性別內部教育不公平對總體教育不公平增長的貢獻存在顯著的年齡層差異特徵。從男性內部教育不公平對總體教育不公平增長的貢獻來看，70後群體的貢獻最大，其貢獻率為33.77%，比80後和90後群體的30%高出約3.77個百分點，比50前群體的27.46%高出約6.31個百分點，比50後群體的23.39%高出約10.38個百分點，比60後群體的20.23%高出約13.54個百分點；從女性內部教育不公平對總體教育不公平的貢獻來看，60後群體的貢獻最大，其貢獻率為27.53%，比50後群體的21.87%高出約5.66個百分點，比80後和90後群體的18.93%高出約8.6個百分點，比50前群體的17.01%高出約10.52個百分點，比70後群體的13.86%高出約13.67個百分點。

由此可知：第一，性別間教育不公平仍然是各年齡層內部教育不公平的主要來源，且表現出高年齡層群體貢獻突出的特徵。第二，除50前群體外，女性內部教育不公平對各年齡層群體內部教育不公平的貢獻均大於男性，且表現為顯著的年齡層差異特徵，70後群體最顯著，80後和90後群體最不顯著。第三，性別內部的不公平對總體教育不公平及增長的相對貢獻表現出較大的年齡層差異。70後群體男性內部教育不公平對總體教育不公平增長的貢獻，較其他階層群體更為顯著。60後群體女性內部教育不公平對總體教育不公平增長的貢獻，較其他階層群體更為顯著。

第三節　結論與政策啟示

一、研究結論

本書基於 CGSS 歷年數據，從城鄉、地區、民族和階層等多維視角綜合評估了教育性別差距的情況及變化趨勢。研究結果表明：

第一，性別教育不公平是總體及各群體內部教育不公平的主要來源，且其貢獻率表現出微弱的城鄉、地區、階層及民族差異特徵。性別間教育不公平對總體及各群體內部教育不公平的歷年平均貢獻率均處於 50% 左右的水準，且城市貢獻率比農村高約 0.34 個百分點，漢族比少數民族高約 2.17 個百分點，西部地區比中部及東部地區分別高約 1.1 和 2.31 個百分點，下層群體比上層及中層群體分別高約 1.23 和 2.97 個百分點。

第二，性別教育不公平對總體教育不公平的貢獻率呈波動中上升的趨勢，且其上升的速度表現出顯著的地區、民族、階層差異和不顯著的城鄉差異特徵。性別間教育不公平程度對總體教育不公平程度提高的貢獻率與歷年平均貢獻率相比，不管是在總體還是在各群體內部均有大幅提高，且農村比城市多提高約 1.66 個百分點，西部地區比東部和中部地區分別多提高約 5.79 和 13.03 個百分點，少數民族比漢族地區多提高約 14.62 個百分點，下層群體比中層及上層群體多提高約 7.11 和 11.01 個百分點。

第三，女性內部教育不公平對總體及各群體內部教育不公平的貢獻處於較高水準，高於男性，且其高於男性的特徵具有顯著的城鄉差異性和不顯著的地區、民族和階層差異性。女性內部教育不公平對總體及各群體內部教育不公平的貢獻率比男性均高出 5 個百分點以上，農村地區男女貢獻率差達 15.64 個百分點，且農村地區男女貢獻率之差比城市高約 10.11 個百分點，中部地區比西部和東部地區分別高約 0.7 和 2.03 個百分點，少數民族比漢族高約 1.17 個百分點，中層群體比下層和上層群體分別高約

0.59 和 2.63 個百分點。

第四，從長期來看，女性內部教育不公平對總體及各群體內部教育不公平的貢獻大於男性的特徵在地區、民族及階層群體內部將進一步強化，而在總體上和城鄉內部將弱化，這一特徵在城市、西部地區、少數民族及下層群體表現地更為顯著。這是由女性內部教育不公平對總體及各群體內部教育不公平的貢獻呈波動中下降的趨勢，而男性貢獻在總體及城鄉內部貢獻呈上升及在地區、民族及階層內部層呈下降趨勢，且男女性同時呈下降趨勢時，女性下降速度慢於男性而導致的。

二、政策啟示

性別教育不公平的貢獻不僅處於較高水準，而且還在提升，這說明性別教育不公平程度不僅較高，而且還出現惡化趨勢，且在西部地區、少數民族群體及下層群體間表現得尤為突出。同時女性內部教育不公平問題較男性更為突出，這一特徵在農村地區尤為顯著，而且西部地區及少數民族地區女性內部教育不公平高於男性的特徵進一步強化的趨勢尤為明顯。因此，政府應加大對性別間及女性內部教育不公平問題的關注力度，從教育資源的供給和配置的雙重視角促進教育的性別平等。

一方面，從教育資源供給的視角，加大教育的投入力度，特別是加大對教育資源相對短缺的農村地區，西部地區少數民族群體及下層群體的教育投入，提高教育經費的保障水準。同時在平衡城鄉間、地區間、民族間、階層間教育資源時，不僅要促進教育資源在不同群體間的均衡供給，還要重點發展農村地區、西部地區、少數民族聚居區及下層群體的優質教育資源，為其提供政策、資金支持，以阻斷教育資源在性別間分配的供給約束，緩解教育的性別不公平。

另一方面，教育資源的家庭配置決定了男女教育資源獲得的差別，而社保政策、勞動力市場的就業政策、生育政策等經濟、文化和社會發展政策是教育資源家庭配置的核心決定因素，因此政府應通過統籌經濟、文化及社會發展政策來阻斷家庭教育配置性別差異的決定因素的影響，特別是要突破農村地區、西部地區、少數民族及下層群體內部特有的性別文化的

約束，建立健全養老保障制度、男女平等的就業競爭機制，營造男女平等的文化氛圍，從而弱化「養兒防老」思想對男性偏好的影響，減少職業上的性別差異，從根本上消除家庭及社會對性別的偏見，促進教育的性別平等。

第七章　地區教育公平的測度

> 我們真正需要的，不是平等的待遇，而是公平的、恰當的待遇。
> ——穆爾（Moore）[①]

中國經濟發展正處於轉型期，經濟的可持續增長越來越依靠人力資本的累積，教育作為人力資本形成的重要途徑，地區教育不平等已成為影響地區經濟增長的重要因素。縮小地區教育不平等，關係到經濟的可持續發展和地區發展的均衡。

地區教育公平不僅是關注總體上的公平，而是追求在不同階層、不同家庭類型、不同民族以及不同性別等群體間在入學機會、教育過程和教育結果等方面的多維度公平。地區教育差距呈縮小還是擴大的趨勢？性別間、城鄉間、民族間、各階層間、各年齡階段間等不同群體地區教育不平等的現狀和趨勢如何？對於上述問題的回答，不僅對正確判斷中國地區教育公平問題有重要意義，也是尋求促進地區教育公平有效政策立足點的關鍵。眾多學者對地區教育公平的問題進行了研究，魏後凱、楊大利（1997）認為教育發展地區差異逐年縮小；王善邁等（1998）認為中國地區間教育發展不平衡與經濟發展不平衡具有一致性；吳德剛（1999）認為地區間教育發展不平衡的根源是經濟發展不平衡；祝梅娟（2003）認為教育投入的不均衡程度呈現加大的趨勢；陳釗等（2004）對中國省際人力資

[①] 穆爾. 教育哲學導論 [M]. 劉貴杰, 譯. 臺北：臺灣師大書苑有限公司, 1989.

本存量進行了估算，認為高等教育人口比重的較大差距是各省教育發展不平衡的一個重要特徵；吳方衛、張錦華（2005）通過比較各省的平均受教育年限和教育基尼系數，認為中國農村的教育不平等呈現出明顯的地區分化特徵，地區間的教育差別明顯，且呈現出逐步擴大的趨勢；涂冬波等（2005）認為中國地區間教育發展差異主要體現在地區間高等教育發展規模和教育投入上，中國地區間教育發展總體差異不斷增大；杜鵬（2005）認為各省的教育差距縮小了；翟博（2006、2007）認為各地區之間的基礎教育差距總體呈現縮小態勢；楊俊和李雪松（2007）認為中國的教育發展不僅使各地區內部教育不平等程度得到改善，而且地區間的教育不平等程度也在減弱；孫百才（2009）認為中國的教育發展使各地區內部教育不平等程度改善。已有研究儘管對地區教育公平的情況進行了判斷，但其判定是針對單一視角的研究，既沒有多維度體現地區教育不平等在不同群體的異質性特徵，也沒有揭示不同群體地區教育差異的變動趨勢。本研究致力於彌補這一研究缺陷，構建基於性別、城鄉、民族、階層、年齡階段等多維視角的地區教育公平評價的分析框架，採用教育基尼系數及分解等有效的評價方法，基於 CGSS 調查數據，綜合評估當前地區教育公平的現狀及其變化趨勢，為後續研究提供研究立足點。

第一節　地區教育公平測度方法及樣本數據

一、測度方法

本書採用的是將總體教育公平在地區之間進行分解，以分析地區間教育公平的差異對總體教育公平的貢獻來評估地區間教育公平的狀況及發展趨勢，並從性別、城鄉、民族、階層、年齡階段等多維視角進行分解，綜合評估不同群體間教育地區差距的情況及變動趨勢，其中涉及教育公平的測度和分解。

1. 教育公平的測度

本書採用教育基尼系數作為衡量教育公平的指標，在計算教育基尼系數時採用受教育年限指標代表受教育情況，並將各級受教育水準劃分為文盲組、小學程度組、初中程度組、中專或技校程度組、高中或職高程度組、大專程度組、本科程度組及研究生及以上程度組，並將各組的受教育年限分別定義為 0 年、6 年、9 年、11 年、12 年、15 年、16 年、19 年，以各級教育的人口數為權重，根據基尼系數是洛倫茲曲線圖中不平等面積與完全不平等面積的比值計算基尼系數，具體計算公式如下：

$$G = 1 - \sum_{i=1}^{5} (W_{i-1} + W_i) \cdot P_i \qquad (7\text{-}1)$$

公式（7-1）中，G 代表教育基尼系數，P_i 代表每組人口數量占總人口數量的比重，W_i 代表累計到第 i 組受教育年限占所有組受教育年限的比值。

2. 教育基尼系數的分解

本書利用 Junsen Zhang 的分解公式，將基尼系數分解為兩部分，即組內及組間，具體分解公式如下：

$$G = (P_1)^2 \cdot \frac{\mu_1}{\mu} \cdot G_1 + (P_2)^2 \cdot \frac{\mu_2}{\mu} \cdot G_2 + (P_3)^2 \cdot \frac{\mu_3}{\mu} \cdot G_3 + G_B \qquad (7\text{-}2)$$

公式（7-2）中，P_1、P_2、P_3 分別代表東部地區組、中部地區組和西部地區組的人口比重；μ_1、μ_2、μ_3、μ 分別代表東部地區組、中部地區組、西部地區組及總人口平均受教育年限；G_1、G_2、G_3 分別代表東部地區組、中部地區組和西部地區組的教育基尼系數；G_B 代表地區差距對總體教育基尼系數的絕對貢獻；$(P_1)^2 \cdot (\frac{\mu_1}{\mu}) \cdot G_1$、$(P_2)^2 \cdot (\frac{\mu_2}{\mu}) \cdot G_2$ 與 $(P_3)^2 \cdot (\frac{\mu_3}{\mu}) \cdot G_3$ 分別代表東部地區組、中部地區組和西部地區組對總體教育基尼系數的絕對貢獻。

二、樣本數據概況

本書採用的數據為中國綜合社會調查（CGSS）中 2005、2006、2008、

2010、2011、2012、2013、2015年①的數據。歷年樣本中受訪者個數分別為 10,372、10,151、6,000、11,783、5,620、11,765、11,438、10,968個，城鎮樣本分別為 5,422、5,200、3,405、5,713、2,251、5,053、4,571、4,016個，農村樣本分別為 4,560、4,951、2,586、6,064、3,367、6,695、6,843、6,931個。根據本書研究內容，在其中選擇教育程度、性別、戶籍地（省、直轄市、自治區）、民族、階層、城鄉、出生年代7個指標的數據，並根據不同的分析維度對以上數據進行了整理和缺失值的處理②，樣本情況如表7-1。

表7-1　　　　　　　　　各地區不同群體樣本數

年份		2005	2006	2008	2010	2011	2012	2013	2015
東部地區	城鄉 城鎮	2,656	2,440	1,577	2,681	1,196	2,867	2,618	2,255
	農村	1,709	1,799	741	1,540	842	1,831	1,910	1,993
	民族 漢族	4,275	4,168	2,260	4,077	1,972	4,564	4,367	4,128
	少數民族	90	71	58	144	66	134	161	120
	性別 男性	2,077	1,951	1,117	2,061	929	2,378	2,269	1,968
	女性	2,288	2,288	1,201	2,160	1,109	2,320	2,259	2,280
	階層 上層	314	148	166	271	200	384	476	387
	下層	2,207	2,705	788	1,297	579	1,375	1,003	950
	中層	1,844	1,386	1,364	2,653	1,259	2,939	3,049	2,911
	出生年代 50後	966	901	461	841	406	917	856	809
	50前	1,075	735	395	934	449	1,009	838	844
	60後	1,029	1,001	482	859	391	960	854	792
	70後	819	829	489	778	368	847	895	741
	80後和90後	476	773	491	809	424	964	1,085	1,062

---

① 本書使用數據均來自CGSS項目，該調查項目為中國第一個具有綜合性和連續性的大型社會調查項目，由中國人民大學中國調查與數據中心負責執行。

② CGSS歷年數據中，刪除了受教育程度指標中私塾、其他及不確定項以及戶籍地、民族、階層指標中其他及不確定項的樣本。

表7-1(續)

年份			2005	2006	2008	2010	2011	2012	2013	2015
中部地區	城鄉	城鎮	1,522	1,441	979	1,438	749	1,322	1,268	1,104
		農村	1,362	1,336	1,034	2,445	1,459	2,663	2,714	2,581
	民族	漢族	2,870	2,737	1,986	3,636	2,152	3,759	3,752	3,607
		少數民族	14	40	27	247	56	226	230	78
	性別	男性	1,334	1,258	962	1,833	948	2,145	1,949	1,727
		女性	1,550	1,519	1,051	2,050	1,260	1,840	2,033	1,958
	階層	上層	194	81	97	187	134	185	203	177
		下層	1,546	1,658	940	1,137	840	1,470	1,323	1,106
		中層	1,144	633	976	1,681	1,234	2,330	2,456	2,402
	出生年代	50後	477	623	389	816	445	827	851	702
		50前	602	491	301	792	467	876	879	739
		60後	624	827	541	962	508	892	821	820
		70後	539	549	482	770	429	733	742	624
		80後和90後	224	287	300	542	359	657	689	800
西部地區	城鄉	城鎮	1,189	1,054	792	991	294	840	661	523
		農村	1,277	1,318	732	2,014	1,054	2,160	2,182	1,889
	民族	漢族	2,188	2,117	1,291	2,322	1,169	2,363	2,271	2,141
		少數民族	278	255	233	683	179	637	572	271
	性別	男性	1,180	1,127	738	1,452	679	1,466	1,500	1,153
		女性	1,286	1,245	786	1,553	669	1,534	1,343	1,259
	階層	上層	199	119	52	174	93	215	176	133
		下層	1,338	1,973	833	1,593	568	1,053	1,096	778
		中層	929	685	639	2,116	687	1,732	1,571	1,501
	出生年代	50後	572	483	278	522	277	538	498	510
		50前	649	437	267	633	298	648	528	473
		60後	823	604	393	740	287	658	606	550
		70後	599	583	342	653	282	625	604	426
		80後和90後	241	265	244	455	204	531	607	453

從受教育程度來看，東部地區在較高教育階段樣本占比均高於中部及西部地區，且隨著時間的推移，這一特徵逐漸弱化，具體情況如表7-2。

表 7-2　　　　　　　　　　　各地區不同教育階段樣本數

年份	地區	文盲	小學	初中	普高或職高	中專或技校	大專	本科	研究生及以上
2005	東部	348	890	1,317	283	887	396	227	17
	西部	375	707	731	110	344	125	72	2
	中部	301	772	969	148	453	160	79	2
2006	東部	294	746	1,356	333	799	438	253	20
	西部	320	632	782	153	284	131	69	1
	中部	285	693	980	155	434	147	81	2
2008	東部	135	388	646	189	443	278	223	16
	西部	169	428	448	88	197	112	77	5
	中部	164	599	637	111	327	100	70	5
2010	東部	405	633	1,181	352	638	484	466	62
	西部	582	891	844	139	264	168	112	5
	中部	612	981	1,294	202	481	190	116	7
2011	東部	162	308	588	182	300	236	225	37
	西部	269	418	398	40	124	59	39	1
	中部	350	571	749	90	253	114	76	5
2012	東部	404	722	1,228	389	777	574	560	44
	西部	610	907	800	114	283	157	125	4
	中部	609	1,046	1,270	174	482	219	178	7
2013	東部	406	645	1,239	311	753	568	538	68
	西部	491	827	819	139	288	149	120	10
	中部	701	958	1,253	181	498	206	177	8
2015	東部	375	639	1,179	310	683	473	508	81
	西部	486	748	622	97	231	116	107	5
	中部	522	986	1,148	127	469	183	232	18

第二節　地區教育公平的測度與比較

一、地區教育公平的總體情況

本書利用 CGSS2005—2015 年數據，根據公式（7-1）和（7-2）將衡量總體教育公平的教育基尼系數在地區間進行分解，分解後教育基尼系數分為四部分：第一部分為東部地區組內教育公平對總體教育基尼系數的貢獻；第二部分為中部地區組內教育公平對總體教育基尼系數的貢獻；第三部分為西部地區組內教育公平對總體教育基尼系數的貢獻；第四部分為地區間差異對總體教育基尼系數的貢獻，具體情況如表 7-3。

表 7-3　　　　　　　　　地區教育公平總體情況

年份		2005	2006	2008	2010	2011	2012	2013	2015
G		0.259	0.248	0.245	0.299	0.295	0.297	0.297	0.296
東部內部	絕對貢獻	0.051	0.050	0.038	0.043	0.038	0.046	0.046	0.045
	貢獻率（%）	19.83	20.00	15.55	14.32	12.89	15.53	15.42	15.28
中部內部	絕對貢獻	0.022	0.021	0.026	0.033	0.043	0.032	0.035	0.036
	貢獻率（%）	8.32	8.33	10.77	11.21	14.60	10.84	11.82	12.05
西部內部	絕對貢獻	0.017	0.016	0.017	0.021	0.016	0.019	0.018	0.017
	貢獻率（%）	6.69	6.50	7.00	7.19	5.56	6.50	5.96	5.86
地區間	絕對貢獻	0.169	0.161	0.163	0.201	0.198	0.200	0.199	0.198
	貢獻率（%）	65.16	65.16	66.67	67.29	66.94	67.13	66.80	66.80

數據來源：根據公式（7-1）和（7-2）計算而得

從地區教育公平對總體教育公平的靜態貢獻來看：第一，地區間的教育不公平是總體教育不公平的主要來源，平均絕對貢獻額為 0.186，平均貢獻率達到 66.495%；第二，東部地區、中部地區及西部地區內部的教育

不公平也是總體教育不公平的重要來源,東部、中部及西部地區內部的平均絕對貢獻額分別為 0.045、0.031、0.018,平均貢獻率分別為 16.1%、10.99%、6.41%;第三,東部地區內部教育不公平對總體教育公平的貢獻大於中部及西部地區,東部地區內部平均絕對貢獻額比中部及西部地區分別高 0.014 及 0.027 個單位,貢獻率比中部及西部地區分別高約 5.11 及 9.69 個百分點。

從地區教育公平對總體教育公平的動態貢獻來看:在總體教育不公平增長的態勢下,地區間及中部和西部內部教育不公平的增加推動了總體教育不公平的增長,東部地區內部教育不公平的減弱抑制了總體教育不公平的增長。2005—2015 年間,總體教育不公平增加 0.037 個單位;中部地區內部的貢獻為 38.02%,東部地區內部的貢獻為 -16.36%,地區間的貢獻為 78.23%。

由此可知,不管是從靜態還是動態的視角來看,地區間的教育不公平仍然是總體教育不公平的主要來源,其地位還將逐步強化;東部地區內部教育不公平對總體教育不公平的貢獻大於中部及西部地區,但從長期發展趨勢來看,東部地區內部教育不公平對總體教育不公平的貢獻將逐步弱化,中部地區將更為凸顯。

二、地區教育公平的性別差異

地區教育差異不僅受各地區教育供給政策的影響,更受各地區居民家庭教育觀念、教育支付能力、教育期望及支付意願等因素的影響。性別角色文化是影響教育獲得的重要因素,不同性別群體由於其所處的性別角色地位的差異,獲得教育的機會和質量存在較大的差異。影響各地區居民教育獲得的教育觀念、教育期望及教育支付意願在不同的性別群體又具有差異化的特徵,使各地區居民教育差異產生性別異質性。因此本文以樣本的性別屬性為劃分標準,將歷年樣本劃分為男性和女性兩個群體,利用公式(7-1) 和 (7-2) 分別將兩個群體的教育基尼系數在地區間進行分解,以進行對比分析,從男、女性兩個不同群體的視角評估地區教育公平的情況及發展趨勢,具體結果如表 7-4。

表 7-4　　　　　　　　　地區教育公平的性別差異

	年份		2005	2006	2008	2010	2011	2012	2013	2015
男性	G		0.215	0.208	0.210	0.247	0.235	0.253	0.246	0.24
	東部內部	絕對貢獻	0.043	0.042	0.033	0.037	0.030	0.039	0.038	0.04
		貢獻率(%)	20.20	20.23	15.70	15.05	12.63	15.56	15.31	15.81
	中部內部	絕對貢獻	0.017	0.017	0.022	0.026	0.030	0.030	0.027	0.03
		貢獻率(%)	8.02	7.94	10.33	10.64	12.76	12.06	11.02	11.90
	西部內部	絕對貢獻	0.015	0.014	0.015	0.018	0.016	0.015	0.016	0.013
		貢獻率(%)	6.81	6.78	7.30	7.20	6.98	5.79	6.39	5.68
	地區間	絕對貢獻	0.140	0.136	0.140	0.166	0.159	0.168	0.166	0.16
		貢獻率(%)	64.97	65.05	66.67	67.10	67.63	66.59	67.29	66.61
女性	G		0.297	0.281	0.276	0.347	0.345	0.344	0.349	0.35
	東部內部	絕對貢獻	0.058	0.056	0.043	0.048	0.046	0.054	0.054	0.06
		貢獻率(%)	19.69	19.99	15.56	13.92	13.23	15.77	15.57	16.96
	中部內部	絕對貢獻	0.025	0.024	0.030	0.040	0.055	0.033	0.043	0.04
		貢獻率(%)	8.51	8.53	11.04	11.54	15.90	9.60	12.43	11.77
	西部內部	絕對貢獻	0.019	0.018	0.019	0.025	0.016	0.024	0.019	0.017
		貢獻率(%)	6.51	6.24	6.72	7.08	4.51	7.04	5.54	5.01
	地區間	絕對貢獻	0.194	0.183	0.184	0.234	0.229	0.233	0.232	0.23
		貢獻率(%)	65.29	65.23	66.69	67.46	66.36	67.59	66.45	66.26

數據來源：根據公式（7-1）和（7-2）計算而得

從不同性別群體地區教育不公平對總體教育不公平的靜態貢獻來看：第一，在女性群體教育總體不公平遠遠高於男性群體的背景下（女性群體教育基尼系數平均值為 0.32，男性群體則為 0.23，相差約為 0.09），女性群體地區間、各地區內部教育不公平對總體教育不公平的絕對貢獻額均高於男性群體，且地區間及東部地區內部更為明顯。女性群體地區間平均絕對貢獻額為 0.215，男性群體則為 0.154，相差約為 0.06；女性群體東部地區、中部地區及西部地區內部平均絕對貢獻額分別為 0.052、0.036、

0.02，男性群體則為 0.037、0.025、0.015，相差為 0.015、0.012、0.004。第二，地區間及各地區內部教育不公平對總體教育不公平平均貢獻率的性別差異較小。女性群體地區間及西部地區內部的平均貢獻率分別為 66.42%和 6.08%，略小於男性群體的 66.49%和 6.62%；女性群體東部地區及中部地區內部的平均貢獻率分別為 16.34%和 11.17%，略高於男性群體的 16.31%和 10.58%。

從不同性別群體地區教育公平對總體教育公平的動態貢獻來看：第一，在女性群體教育總體不公平增加額略大於男性群體背景下（女性群體教育基尼系數增加額為 0.051，男性群體則為 0.022，相差約為 0.03 個單位），男性群體地區間的教育不公平對總體教育不公平增長的貢獻大於女性群體，男性群體的正向貢獻率達 83%，比其平均貢獻率高了約 16.51 個百分點，女性群體的正向貢獻率為 71.92%，比其平均貢獻率高約 5.5 個百分點。第二，各地區內部教育不公平對總體不公平增加的貢獻表現各異的性別差異。男性群體東部地區內部的教育不公平對總體教育不公平增長具有較大的負向貢獻，而女性群體則為微弱的正向貢獻；男性群體中部地區內部的教育不公平對總體教育不公平增長的正向貢獻大於女性群體，男性群體的正向貢獻率達 50.73%，比女性群體的 30.71%，高了近 20 個百分點；男性及女性群體西部地區內部的教育不公平對總體教育不公平增長的貢獻均為負向，且男性群體的負向貢獻略大於女性。

由此可知，地區教育不公平仍然是不同性別群體內部教育不公平的主要來源，且其作用越來越凸顯，各地區內部教育不公平對女性群體教育不公平的貢獻均大於男性。地區間教育不公平對總體教育不公平的相對貢獻的性別差異性較小，但有逐步擴大的趨勢；各地區內部教育不公平對總體教育不公平的相對貢獻的性別差異也較小，但東部地區有明顯的擴大趨勢，中部地區差距進一步縮小，西部地區變化較小。

三、地區教育公平的城鄉差異

教育的家庭、政府及社會投入是制約教育獲得的重要因素，不同經濟發展水準地區的居民由於其所處的城鄉地域環境的差異，而在家庭教育決策、

社會教育資源的獲得上存在較大的差距，使不同經濟發展區在教育獲得上存在明顯的城鄉群體特徵。因此本書以樣本的戶籍屬性為劃分標準，將歷年樣本劃分為城鎮和農村兩個群體，利用公式（7-1）和（7-2）分別將兩個群體的教育基尼系數在地區間進行分解，以進行對比分析，從城鄉兩個不同群體的視角評估地區教育公平的情況及發展趨勢，具體結果如表7-5。

表7-5　　　　　　　　地區教育公平的城鄉差異

年份		2005	2006	2008	2010	2011	2012	2013	2015
城鎮地區	G	0.199	0.182	0.189	0.214	0.202	0.203	0.206	0.201
	東部內部 絕對貢獻	0.024	0.023	0.024	0.028	0.030	0.027	0.028	0.029
	貢獻率（%）	12.07	12.62	12.49	12.97	14.81	13.27	13.74	14.50
	中部內部 絕對貢獻	0.016	0.015	0.015	0.016	0.023	0.014	0.016	0.017
	貢獻率（%）	7.92	8.04	8.04	7.36	11.28	6.73	7.97	8.28
	西部內部 絕對貢獻	0.01	0.01	0.01	0.01	0.00	0.01	0.00	0.00
	貢獻率（%）	5.27	4.77	5.71	4.05	1.71	3.00	2.14	1.88
	地區間 絕對貢獻	0.149	0.136	0.140	0.162	0.146	0.156	0.157	0.152
	貢獻率（%）	74.74	74.57	73.76	75.62	72.20	77.00	76.15	75.34
農村地區	G	0.284	0.281	0.269	0.327	0.323	0.333	0.326	0.328
	東部內部 絕對貢獻	0.033	0.030	0.031	0.031	0.030	0.032	0.031	0.036
	貢獻率（%）	11.63	10.49	11.37	9.46	9.37	9.66	9.44	10.96
	中部內部 絕對貢獻	0.026	0.025	0.041	0.052	0.058	0.050	0.050	0.049
	貢獻率（%）	9.27	8.94	15.34	15.89	18.03	15.09	15.33	14.80
	西部內部 絕對貢獻	0.03	0.02	0.02	0.04	0.03	0.03	0.03	0.03
	貢獻率（%）	9.09	8.88	8.82	11.16	9.93	10.45	10.06	8.49
	地區間 絕對貢獻	0.199	0.202	0.173	0.208	0.203	0.216	0.212	0.216
	貢獻率（%）	70.02	71.69	64.47	63.49	62.67	64.80	65.16	65.75

數據來源：根據公式（7-1）和（7-2）計算而得

從城鄉間教育地區不公平對總體教育不公平的靜態貢獻來看：第一，在農村地區教育總體不公平遠遠高於城市地區的背景下（農村地區教育基尼系數平均值為0.31，城市地區則為0.2，相差約為0.11），農村地區間及地區內部教育不公平對總體教育不公平的絕對貢獻額均高於城鎮地區，且地區間的貢獻更為明顯，農村地區間平均絕對貢獻額為0.203，城市地

區則為0.149，相差約為0.054；農村東部、中部及西部地區內部平均絕對貢獻額分別為0.03、0.04、0.03，城市地區則為0.03、0.02、0.01，相差為0.01、0.03、0.02。第二，城鄉地區間的平均貢獻率相差顯著，農村地區間的平均貢獻率為66.01%，比城市地區的74.92%低約8.92個百分點；但城鄉間地區內部的貢獻率相差較小，農村東部地區內部的平均貢獻率為10.3%，比城市地區的13.31%低約3.01個百分點，農村中部地區內部的平均貢獻率為14.08%，比城市地區的8.2高約5.88個百分點；農村西部地區內部的平均貢獻率為9.61%，比城市地區的3.57高約6.05個百分點。

從城鄉間教育地區不公平對總體教育不公平的動態貢獻來看：第一，在農村地區教育總體不公平增加額大於城市地區的背景下（農村地區教育基尼系數增加額為0.044，城市地區則為0.002，相差約為0.042個單位），農村地區間的教育不公平對總體教育不公平增長的貢獻小於城市地區，農村地區的貢獻率達38.23%，比其平均貢獻率低約27.78個百分點，城市地區的貢獻率為137.97%，比其平均貢獻率高約63個百分點。第二，各地區內部教育不公平對總體不公平增加的貢獻表現各異的城鄉差異。農村東部地區內部的教育不公平對總體教育不公平增長的正向貢獻比城鎮地區低近261個百分點；農村中部地區內部的教育不公平對總體教育不公平增長的貢獻比城鎮略高4.4個百分點；農村西部地區內部的教育不公平對總體教育不公平增長具有微弱的正向貢獻，而城鎮西部地區內部的教育不公平對總體教育不公平增長具有較大的負向貢獻。

由此可知，地區教育不公平仍然是城市與農村內部教育不公平的主要來源，且其作用越來越凸顯。地區間教育不公平對總體教育不公平的相對貢獻的城鄉差異性顯著，且有逐步擴大的趨勢，各地區內部教育不公平對總體教育不公平的相對貢獻的城鄉差異較小，但東部及中部地區有明顯的擴大趨勢，西部地區差距進一步縮小。

四、地區教育公平的民族差異

在不同經濟發展地區的生活背景下，少數民族社會及經濟文化系統存在較大的差距。因此，本書將歷年樣本劃分為漢族與少數民族兩個群體，

利用公式（7-1）和（7-2）分別將兩個群體的教育基尼系數在地區間進行分解，以進行對比分析，從漢族和少數民族兩個不同群體的視角評估地區教育公平的情況及發展趨勢，具體結果如表7-6。

表7-6　　　　　　　　　　地區教育公平的民族差異

	年份		2005	2006	2008	2010	2011	2012	2013	2015
漢族		G	0.256	0.246	0.243	0.295	0.294	0.294	0.295	0.294
	東部內部	絕對貢獻	0.032	0.030	0.030	0.034	0.034	0.034	0.033	0.035
		貢獻率（%）	12.42	11.99	12.20	11.61	11.49	11.45	11.29	12.02
	中部內部	絕對貢獻	0.023	0.022	0.029	0.036	0.046	0.034	0.037	0.037
		貢獻率（%）	8.97	8.80	11.73	12.07	15.52	11.53	12.51	12.55
	西部內部	絕對貢獻	0.01	0.01	0.01	0.02	0.01	0.01	0.01	0.01
		貢獻率（%）	5.73	5.59	5.68	5.28	4.72	4.84	4.59	4.62
	地區間	絕對貢獻	0.187	0.181	0.171	0.210	0.200	0.212	0.211	0.208
		貢獻率（%）	72.88	73.62	70.40	71.04	68.27	72.18	71.61	70.81
少數民族		G	0.313	0.274	0.267	0.327	0.320	0.329	0.312	0.334
	東部內部	絕對貢獻	0.002	0.006	0.004	0.007	0.006	0.007	0.010	0.011
		貢獻率（%）	0.66	2.09	1.34	2.10	2.02	2.04	3.23	3.26
	中部內部	絕對貢獻	0.000	0.002	0.002	0.016	0.010	0.016	0.018	0.009
		貢獻率（%）	0.12	0.89	0.68	4.79	3.08	4.95	5.65	2.72
	西部內部	絕對貢獻	0.16	0.14	0.14	0.13	0.10	0.13	0.11	0.10
		貢獻率（%）	49.58	50.54	52.06	39.93	31.74	40.45	33.80	31.22
	地區間	絕對貢獻	0.155	0.127	0.123	0.174	0.203	0.173	0.179	0.210
		貢獻率（%）	49.64	46.47	45.92	53.18	63.57	52.57	57.31	62.80

數據來源：根據公式（7-1）和（7-2）計算而得

從不同民族群體地區教育公平對總體教育公平的靜態貢獻來看：第一，在少數民族群體內部教育總體不公平略高於漢族群體的背景下（少數民族群體教育基尼系數平均值為0.31，漢族群體為0.28，相差約為0.03），漢族群體地區間的教育不公平對總體教育不公平的平均貢獻率及貢獻額均比少數民族高，其平均貢獻率及貢獻額分別為71.35%、0.198比少數民族群體的53.93%、0.168高出約17.42個百分點及0.03個單位。第二，在各地區內部教育不公平對總體教育不公平的貢獻具有顯性的民族

異質性背景下，少數民族群體西部地區內部教育不公平對總體教育不公平的貢獻遠遠大於漢族，而漢族群體東部及中部地區內部教育不公平對總體教育不公平的貢獻略大於少數民族。少數民族群體西部地區內部貢獻率及貢獻額分別為41.12%、0.126，比漢族群體的5.13%、0.014高約36個百分點和0.112個單位；漢族群體東部及中部地區內部的貢獻率（貢獻額）分別為11.81%（0.033）、11.71%（0.033），比少數民族群體的2.09%（0.007）、2.86%（0.009）略高約9.72個百分點（0.026個單位）和8.85個百分點（0.024個單位）。

從不同民族群體地區教育公平對總體教育公平的動態貢獻來看：第一，在漢族及少數民族群體教育總體不公平增加的背景下（漢族及少數民族群體教育基尼系數分別增加約為0.04和0.02個單位），漢族及少數民族群體地區間教育不公平對總體教育不公平增長的貢獻均呈遞增態勢，且少數民族群體地區間教育不公平對總體教育不公平增長的正向貢獻大於漢族群體，其正向貢獻率達262%，比漢族群體57%的正向貢獻率高出約205個百分點。第二，地區內部教育不公平對總體教育不公平增長的貢獻方向呈現民族同質性，貢獻程度呈現民族異質性。漢族及少數民族群體西部地區內部教育不公平對總體教育不公平增長的貢獻均為負，少數民族群體的負向貢獻率為246%，比漢族的3%高出243個百分點；漢族及少數民族群體東部及中部地區內部教育不公平對總體教育不公平增長的貢獻均為正，且少數民族的正向貢獻均大於漢族，少數民族東部地區內部教育不公平對總體教育不公平增長的貢獻為42.46%，比漢族的9.26%高出約33.2個百分點，少數民族中部地區內部教育不公平對總體教育不公平增長的貢獻為41.94%，比漢族的37.05%高出約4.89個百分點。

由此可知：第一，地區教育不公平仍然是各民族區內部教育不公平的主要來源，且其作用越來越凸顯；第二，漢族群體地區教育不公平的主導地位強於少數民族群體，但呈現逐步弱化的趨勢；第三，地區內部教育不公平對總體教育不公平的貢獻儘管表現為顯著的民族異質性，但隨時間的推移民族間各地區內部教育不公平貢獻各異的變化使各地區內部教育不公平對總體教育不公平貢獻的民族異質性呈現逐步趨同的特徵。

五、地區教育公平的階層差異

不同階層的群體不僅具有差異較大的影響教育獲得的家庭文化資本、經濟資本及社會資本，而且具有不同的影響家庭教育決策的地域背景。不同階層群體由於其所處的地域文化、經濟等社會背景的差異有不同的教育決策偏好，教育所體現的地區差異存在明顯的階層群體特徵。因此，本書結合不同年份樣本的階層劃分特徵及各階層劃分的樣本數量統一階層劃分，將歷年樣本劃分為上層、中層及下層[1]三個群體，利用公式（7-1）和（7-2）分別將三個群體的教育基尼系數在地區間進行分解，以進行對比分析，從上層、中層、下層三個不同群體的視角評估地區教育公平的情況及發展趨勢，具體結果如表7-7。

表7-7　　　　　　　　地區教育公平的階層差異

年份		2005	2006	2008	2010	2011	2012	2013	2015
下層	G	0.275	0.253	0.263	0.319	0.324	0.326	0.336	0.321
	東部內部 絕對貢獻	0.030	0.029	0.026	0.031	0.029	0.034	0.030	0.032
	貢獻率（%）	11.08	11.63	9.73	9.68	8.90	10.30	8.89	10.06
	中部內部 絕對貢獻	0.024	0.023	0.033	0.046	0.054	0.043	0.050	0.047
	貢獻率（%）	8.74	9.24	12.39	14.46	16.71	13.22	14.74	14.48
	西部內部 絕對貢獻	0.02	0.02	0.03	0.02	0.03	0.02	0.03	0.02
	貢獻率（%）	7.32	6.96	10.86	7.71	8.06	6.97	9.97	7.44
	地區間 絕對貢獻	0.200	0.183	0.176	0.217	0.215	0.227	0.223	0.219
	貢獻率（%）	72.86	72.17	67.02	68.15	66.34	69.51	66.41	68.02

---

[1] 2010—2013年樣本將階層劃分為最底層、2層、3層、4層、5層、6層、7層、8層、最頂層9個階層，本書則將最底層及2~3層界定為下層，將4~6層界定為中層，將7~8層及最頂層界定為上層。2008年樣本中將階層劃分為平均、低於平均、遠低於平均、高於平均、遠高於平均5個階層，本書則將低於平均及遠低於平均2個階層界定為下層，將平均界定為中層，將高於平均及遠高於平均2個階層界定為上層。2005年、2006年樣本中將階層劃分為下層、中下層、中層、中上層、上層5個階層，本書則將下層及中下層界定為下層，將中層界定為中層，將中上層及上層界定為上層。

表7-7(續)

年份			2005	2006	2008	2010	2011	2012	2013	2015
中層		G	0.242	0.222	0.220	0.283	0.277	0.281	0.278	0.286
	東部內部	絕對貢獻	0.031	0.025	0.028	0.031	0.033	0.030	0.031	0.035
		貢獻率（%）	13.00	11.17	12.80	10.97	11.84	10.66	11.31	12.39
	中部內部	絕對貢獻	0.019	0.014	0.022	0.028	0.039	0.029	0.032	0.034
		貢獻率（%）	7.78	6.16	9.85	9.90	14.19	10.37	11.59	11.73
	西部內部	絕對貢獻	0.01	0.01	0.01	0.02	0.01	0.02	0.01	0.01
		貢獻率（%）	5.62	5.70	4.91	6.70	4.41	6.15	4.73	4.76
	地區間	絕對貢獻	0.178	0.171	0.159	0.205	0.193	0.205	0.201	0.203
		貢獻率（%）	73.60	76.97	72.44	72.43	69.57	72.83	72.37	71.12
上層		G	0.220	0.235	0.210	0.279	0.271	0.269	0.264	0.253
	東部內部	絕對貢獻	0.022	0.025	0.029	0.027	0.035	0.025	0.026	0.024
		貢獻率（%）	9.82	10.84	13.89	9.61	12.85	9.13	9.83	9.28
	中部內部	絕對貢獻	0.017	0.027	0.019	0.020	0.024	0.014	0.015	0.016
		貢獻率（%）	7.86	11.53	9.12	7.11	8.86	5.33	5.64	6.25
	西部內部	絕對貢獻	0.02	0.01	0.01	0.02	0.01	0.02	0.01	0.01
		貢獻率（%）	8.45	5.93	2.68	8.49	4.72	7.54	3.78	3.81
	地區間	絕對貢獻	0.163	0.168	0.156	0.209	0.199	0.209	0.213	0.204
		貢獻率（%）	73.87	71.71	74.32	74.79	73.57	78.00	80.75	80.66

數據來源：根據公式（7-1）和（7-2）計算而得

從不同階層群體地區教育公平對總體教育公平的靜態貢獻來看：第一，在下層、中層及上層群體教育總體不公平呈從高到低的階梯形特徵的背景下（下層、中層、上層群體教育基尼系數平均值分別為0.302、0.261、0.25），上層群體地區間教育不公平對總體教育不公平的貢獻額大於中層及下層群體，貢獻率小於中層及下層群體，上層群體的平均貢獻額為0.208，比中層群體的0.189約低0.019個單位，比下層群體的0.19約低0.018個單位，上層群體的平均貢獻率為68.81%，比中層群體的72.67%約低3.86個百分點，比下層群體的75.96%約低7.15個百分點。第二，在各階層群體內部各地區內部教育不公平對總體教育不公平的貢獻各異的背景下（下層群體東部地區貢獻最高，中部其次，西部最低；中層及上層群體東部地區貢獻最高，中部其次，西部最低），下層群體東部地

區內部的平均貢獻率小於下層及中層群體，其為10.03%，比上層群體的10.66%低約0.63個百分點，比中層群體的11.77%低約1.74個百分點；下層群體中部地區內部的平均貢獻率略高於上層及中層群體，其為13%，比上層群體的7.71%高出約5.29個百分點，比中層群體的10.2%高出約2.8個百分點；下層群體西部地區內部的平均貢獻率略高於上層及中層群體，其為8.16%，比上層群體的5.67%高出約2.49個百分點，比中層群體的5.37%高出約2.76個百分點。

從不同階層群體地區教育公平對總體教育公平的動態貢獻來看：第一，在各階層教育總體不公平增加的背景下（下層、中層、上層群體教育基尼系數分別增加約0.046、0.044、0.033個單位），各階層群體地區間教育不公平對總體教育不公平增長的貢獻均為正，且對總體教育不公平增長的貢獻表現為隨層級的提高貢獻越大的特徵，下層、中層、上層群體的貢獻分別為39.44%、57.34%、126%。第二，從各地區內部教育不公平對總體教育不公平增長的貢獻來看，各階層東部地區內部教育不公平對總體教育不公平增長的貢獻均為正，且表現出中層貢獻最大，上層其次，下層最小的特徵；各階層中部及西部地區內部教育不公平對總體教育不公平增長的貢獻的方向及程度表現階層異質性，下層中部地區內部教育不公平對總體教育不公平增長的貢獻為48.4%，比中層的33.62%高約14.78個百分點，中層西部地區內部教育不公平對總體教育不公平增長的貢獻為237%，比下層的8.15%高約228.85個百分點，上層中部及西部地區內部教育不公平對總體教育不公平增長的貢獻均為負。

由此可知：第一，地區教育不公平仍然是各階層內部教育不公平的主要來源，且表現出上層群體貢獻突出且越來越突顯的特徵。第二，各地區內部的教育不公平對總體教育不公平及增長的相對貢獻表現為較大的階層差異。下層群體中部地區內部教育不公平對總體教育不公平的貢獻，較其他階層群體更為顯著，且越來越顯著；中層群體東部地區內部教育不公平對總體教育不公平的貢獻，較其他階層群體更為顯著，且越來越顯著；下層群體西部地區教育不公平對總體教育不公平的貢獻雖然較中層及上層群體更顯著，但從長期來看，中層群體西部地區教育不公平對總體教育不公

平的貢獻有與下層趨同的趨勢。

六、地區教育公平的年齡差異

家庭教育決策中的地區差異不僅受到家庭背景因素的影響同時也會受決策者所處的政治、經濟、文化背景因素的影響。各經濟發展區不同家庭的教育決策在家庭背景各因素的作用下表現出較大的差異，同時地區經濟、文化環境異質的家庭背景因素在影響家庭教育決策的過程中，由於不同的社會發展階段各地區的經濟，文化、教育、就業及養老等環境的差異，各經濟發展區居民教育獲得的差異存在明顯的年齡階段群體特徵。因此，本書根據樣本的實際出生時間，結合不同時代的群體特徵，將歷年樣本劃分為50年代前出生群體、50後出生群體、60後出生群體、70後出生群體、80後和90後出生群體，利用公式（7-1）和（7-2）分別將五個群體的教育基尼系數在地區間分解，以進行對比分析，從50前、50後、60後、70後、80後和90後五個不同群體的視角評估地區教育公平的情況及發展趨勢，具體結果如表7-8。

表7-8　　　　　　　　　地區教育公平的年齡差異

	年份		2005	2006	2008	2010	2011	2012	2013	2015
50前	G		0.378	0.345	0.333	0.458	0.458	0.452	0.494	0.441
	東部內部	絕對貢獻	0.082	0.067	0.058	0.077	0.066	0.077	0.075	0.079
		貢獻率（%）	21.59	19.53	17.55	16.84	14.47	16.94	15.14	17.94
	中部內部	絕對貢獻	0.029	0.028	0.029	0.047	0.064	0.050	0.070	0.051
		貢獻率（%）	7.58	8.18	8.82	10.29	13.94	11.01	14.15	11.47
	西部內部	絕對貢獻	0.02	0.02	0.03	0.03	0.02	0.03	0.02	0.02
		貢獻率（%）	6.11	6.93	7.58	6.28	4.93	5.53	4.67	4.64
	地區間	絕對貢獻	0.245	0.225	0.220	0.305	0.305	0.301	0.326	0.291
		貢獻率（%）	64.72	65.36	66.05	66.58	66.66	66.52	66.05	65.95

表7-8(續)

	年份		2005	2006	2008	2010	2011	2012	2013	2015
50後		G	0.262	0.293	0.284	0.336	0.344	0.332	0.329	0.342
	東部內部	絕對貢獻	0.057	0.056	0.047	0.046	0.039	0.050	0.048	0.052
		貢獻率(%)	21.68	19.02	16.53	13.80	11.25	15.05	14.59	15.06
	中部內部	絕對貢獻	0.020	0.028	0.032	0.045	0.052	0.042	0.047	0.040
		貢獻率(%)	7.65	9.61	11.32	13.45	15.12	12.50	14.37	11.66
	西部內部	絕對貢獻	0.02	0.02	0.02	0.02	0.02	0.02	0.02	0.02
		貢獻率(%)	5.97	5.94	6.12	5.77	5.85	5.56	5.00	5.91
	地區間	絕對貢獻	0.170	0.192	0.188	0.225	0.233	0.222	0.217	0.230
		貢獻率(%)	64.70	65.43	66.03	66.97	67.79	66.90	66.04	67.37
60後		G	0.210	0.205	0.204	0.242	0.225	0.234	0.236	0.248
	東部內部	絕對貢獻	0.037	0.036	0.022	0.025	0.024	0.032	0.031	0.033
		貢獻率(%)	17.53	17.62	10.79	10.45	10.82	13.59	13.00	13.21
	中部內部	絕對貢獻	0.023	0.022	0.029	0.032	0.036	0.027	0.030	0.033
		貢獻率(%)	10.71	10.83	14.19	13.31	16.14	11.64	12.49	13.11
	西部內部	絕對貢獻	0.01	0.01	0.02	0.02	0.01	0.02	0.02	0.02
		貢獻率(%)	6.23	6.03	8.20	8.51	5.47	7.12	7.00	6.38
	地區間	絕對貢獻	0.138	0.134	0.137	0.164	0.152	0.158	0.160	0.167
		貢獻率(%)	65.54	65.52	66.82	67.74	67.56	67.65	67.51	67.30
70後		G	0.190	0.192	0.208	0.217	0.205	0.222	0.208	0.221
	東部內部	絕對貢獻	0.033	0.033	0.028	0.027	0.025	0.031	0.032	0.038
		貢獻率(%)	17.47	17.24	13.34	12.28	12.05	13.88	15.42	17.08
	中部內部	絕對貢獻	0.015	0.014	0.024	0.022	0.028	0.021	0.021	0.023
		貢獻率(%)	8.04	7.18	11.42	9.96	13.82	9.28	9.89	10.26
	西部內部	絕對貢獻	0.02	0.02	0.02	0.02	0.01	0.02	0.01	0.01
		貢獻率(%)	8.32	9.45	7.37	9.12	6.30	8.28	6.65	5.39
	地區間	絕對貢獻	0.126	0.127	0.141	0.149	0.139	0.152	0.142	0.149
		貢獻率(%)	66.17	66.13	67.88	68.63	67.83	68.56	68.03	67.27

表7-8(續)

年份			2005	2006	2008	2010	2011	2012	2013	2015
80後和90後	G		0.157	0.148	0.156	0.169	0.160	0.165	0.164	0.160
	東部內部	絕對貢獻	0.037	0.047	0.032	0.033	0.029	0.028	0.031	0.032
		貢獻率(%)	23.57	31.82	20.49	19.26	18.11	17.15	18.82	20.24
	中部內部	絕對貢獻	0.010	0.007	0.012	0.013	0.020	0.014	0.013	0.019
		貢獻率(%)	6.39	4.75	7.84	7.78	12.38	8.70	7.83	11.65
	西部內部	絕對貢獻	0.01	0.01	0.01	0.01	0.01	0.01	0.01	0.01
		貢獻率(%)	6.19	4.07	6.06	6.16	4.06	6.58	6.74	3.84
	地區間	絕對貢獻	0.100	0.088	0.102	0.113	0.105	0.112	0.109	0.103
		貢獻率(%)	63.85	59.36	65.60	66.80	65.46	67.57	66.61	64.28

數據來源：根據公式(7-1)和(7-2)計算而得

從各年齡層間地區教育公平對總體教育公平的靜態貢獻來看：第一，在各年齡層群體教育總體不公平呈從高到低的階梯形特徵的背景下（50前、50後、60後、70後、80後和90後各群體教育基尼系數平均值分別為0.42、0.32、0.23、0.21、0.16），地區間教育不公平對總體教育不公平的貢獻額隨年齡層的降低而降低，貢獻率基本隨年齡層的降低而提高，50前、50後、60後、70後、80後和90後群體的平均貢獻額分別為0.28、0.21、0.15、0.14、0.1，其平均貢獻率分別為65.98%、66.4%、66.96%、67.56%、64.94%；第二，在各年齡層群體內東部地區內部教育不公平對總體教育不公平的貢獻均大於其他各區內部貢獻的背景下，從各年齡層間各地區內部教育不公平對總體教育公平的貢獻額的差別來看，60後群體中部地區內部的平均貢獻率居於首位，其為12.8%，比50後群體的11.96%高出約0.84個百分點，比50前群體的10.68%高出約2.12個百分點，比70後群體的9.98%高出約2.82個百分點，比80後和90後群體的8.41%高出約4.39個百分點；70後群體西部地區內部的平均貢獻率居於首位，其為7.61%，比60後群體的6.87%高出約0.29個百分點，比50前群體的5.83%高出約1.78個百分點，比50後群體的5.76%高出約1.85個百分點，比80後和90後群體的5.46%高出約2.15個百分點；80後和90後群體東部地區內部的平均貢獻率居於首位，其為21.18%，比50前群

體的17.5%高出約3.68個百分點，比50後群體的15.87%高出約5.31個百分點，比70後群體的14.85%高出約6.33個百分點，比60後群體的13.37%高出約7.81個百分點。

從各年齡層間地區教育公平對總體教育公平的動態貢獻來看：第一，在各年齡層群體教育總體不公平增加的背景下（50前、50後、60後、70後、80後和90後群體教育基尼系數分別增加約0.063、0.08、0.038、0.032、0.003個單位），各年齡層群體地區間教育不公平對總體教育不公平增長的貢獻均為正，且對總體教育不公平增長的貢獻基本表現為隨年齡層級的降低貢獻越大的特徵，50前、50後、60後、70後、80後和90後群體的貢獻分別為73.32%、76.13%、77.14%、73.88%、87.36%。第二，在各年齡層群體內各地區內部教育不公平對總體教育不公平的貢獻的方向和程度具有較大差異的背景下，從東部地區內部教育不公平對總體教育不公平增長的貢獻來看，除70後群體的貢獻為正外，其他年齡群體的貢獻均為負，且80後和90後群體的負向貢獻最大，其負向貢獻率高達123%；從中部地區內部教育不公平對總體教育不公平增長的貢獻來看，各年齡層群體的貢獻均為正，其他年齡群體的貢獻均為負，且80後和90後群體的負向貢獻最大，其負向貢獻率高達123%；80後和90後群體的正向貢獻最大，高達294%，比50前群體的34.9%高出約259.1個百分點，比50後群體的24.84%高出約269.16個百分點，比60後群體的26.47%高出約267.53個百分點，比70後群體的23.6%高出約270.4個百分點；從西部地區內部教育不公平對總體教育不公平增長的貢獻來看，50前、70後、80後和90後群體的貢獻為負，其他年齡群體均為正。

由此可知：第一，地區間教育不公平仍然是各年齡層內部教育不公平的主要來源，且表現出各年齡群體差距較小的特徵。第二，地區內部的不公平對總體教育不公平及增長的相對貢獻表現為較大的年齡層差異。80後和90後群體東部地區、70後群體西部地區、60後群體中部地區內部教育不公平對總體教育不公平增長的貢獻分別較其他年齡層群體更為顯著，但這種差距有逐步縮小的趨勢。

第三節 結論與政策啟示

一、研究結論

本書基於 CGSS 歷年數據，從性別、城鄉、民族、階層及年齡等多維視角綜合評估了地區教育差距的情況及變化趨勢。研究結果表明：

第一，地區間的教育不公平是總體及各群體內部教育不公平的主要來源，且其貢獻率表現出微弱的性別及年齡差異和較大的城鄉、階層及民族差異特徵。地區間教育不公平對總體及各群體內部教育不公平的歷年平均貢獻率均處於 50%以上的水準，且男性貢獻率比女性高約 0.35 個百分點，漢族比少數民族高約 17.42 個百分點，城鎮比農村高約 8.91 個百分點，上層群體比下層及中層群體分別高約 7.15 和 3.29 個百分點，70 後群體比 50 前、50 後、60 後、80 後和 90 後群體分別高約 1.58、1.16、0.6 及 2.62 個百分點。

第二，地區間的教育不公平對總體教育不公平增長的貢獻方向及程度表現出顯著的性別、城鄉、民族、階層及年齡特徵。從總體特徵看，地區間的教育不公平對總體教育不公平增長的貢獻為正向，這意味著地區間的教育不公平對總體教育不公平增長的貢獻上升；從性別差異來看，地區間的教育不公平對男女性別群體內部總體教育不公平增長的貢獻均為正向，且男性顯著於女性，這意味著地區間的教育不公平對男女性別群體內部總體教育不公平增長的貢獻上升，且男性上升的速度大於女性；從城鄉差異來看，地區間的教育不公平對各經濟發展區群體內部總體教育不公平增長的貢獻均為正向，且城鎮地區顯著於農村地區，這意味著地區間的教育不公平對城鄉群體內部總體教育不公平增長的貢獻上升，且城鎮地區上升速度大於農村；從民族差異來看，地區間的教育不公平對各民族群體內部總體教育不公平增長的貢獻均為正向，且少數民族顯著於漢族，這意味著地

區間的教育不公平對各民族群體內部總體教育不公平增長的貢獻上升，且少數民族上升的速度大於漢族；從階層差異來看，地區間的教育不公平對各階層群體內部總體教育不公平增長的貢獻為正向，且上層群體顯著高於下層及中層，這意味著地區間的教育不公平對各階層群體內部總體教育不公平增長的貢獻上升，且上層群體上升速度大於下層及中層；從年齡差異來看，地區間的教育不公平對各年齡群體內部總體教育不公平增長的貢獻為正向，這意味著地區間的教育不公平對各階層群體內部總體教育不公平增長的貢獻上升。

第三，各地區內部教育不公平對總體及各群體內部教育不公平的貢獻總體上表現出東部最高，中部其次，西部最低的特徵，但在少數民族群體、下層群體及農村群體內部有差異化的表現。農村群體內部教育不公平對總體教育不公平的貢獻表現出中部最高，東部其次，西部最低的特徵；少數民族群體內部教育不公平對總體教育不公平的貢獻表現出西部最高，中部其次，東部最低的特徵；下層群體內部教育不公平對總體教育不公平的貢獻表現出中部最高，東部其次，西部最低的特徵。

第四，從長期來看，東部地區教育不公平對總體及各群體內部教育不公平的貢獻大於中部和西部的特徵在城鄉內部、少數群體及上層群體內部逐步強化，而在其他群體內部逐步弱化。

二、政策啟示

地區間教育不公平的貢獻不僅處於較高水準且其比重繼續上升，說明地區間的教育不公平水準較高，且在城鎮地區、漢族群體及下層群體間表現得尤為突出。同時東部地區內部教育不公平問題較中部及西部更為突出，這一特徵在上層群體內部及80後和90後群體尤為顯著，因此，政府應加大對地區間及各階層及各年齡層群體地區內部教育不公平問題的關注力度，從教育資源的供給和配置的雙重視角促進地區教育公平。

一方面，從教育資源供給的視角，加大教育的投入力度，特別是加大對教育資源相對短缺的西部地區居民的教育投入，提高教育經費的保障水準。同時在平衡性別間、城鄉間、民族間、階層間教育資源時，不僅要促

進教育資源在不同群體間的地區均衡供給，還要重點發展西部地區各群體的優質教育資源，為其提供政策、資金支持，以阻斷教育資源在地區間及各地區內部分配的供給約束，縮小地區教育差距。

另一方面，教育資源的地區配置決定了地區教育資源獲得的差別，而社保政策、勞動力市場的就業政策、生育政策等經濟、文化和社會發展政策的地區差別是教育資源地區配置的核心決定因素，因此政府應通過統籌經濟、文化及社會發展政策來阻斷教育資源配置地區差異的決定因素的影響，特別是要突破城鄉及階層內部教育資源地區配置均衡的障礙，建立健全地區均衡的養老保障制度、就業競爭機制等經濟文化環境，促進地區教育公平。

第八章　階層教育公平的測度

我們面臨的差別可以歸納為：在環境平等的領域內，擁有某一條件的人們之中存在著平等，而擁有某一條件的群體和不擁有這一條件的群體之間，卻存在著不平等。

——艾德勒[①]

教育具有社會分層的作用，也肩負著促進社會階層流動的職能，隨著總體受教育水準的提高，階層差距導致的教育不公平現象愈演愈烈，高考狀元的「貴門」化，重點大學的「貴門」化，使得教育的階層向上流動功能越來越弱，中國教育公平在不同階層間面臨嚴峻挑戰。階層教育公平成為研究教育公平的重要內容。

階層教育公平不僅是關注總體上的公平，而且是追求在不同地區、不同家庭類型、不同民族以及不同性別等群體間在受教育機會、教育過程和教育結果等方面的多維公平。階層教育差距呈弱化還是強化的趨勢？性別間、城鄉間、民族間、地區間、各年齡階段間等不同群體階層教育不平等的現狀和趨勢如何？對於上述問題的回答，不僅對正確判斷中國階層教育公平問題有重要意義，還是尋求促進階層教育公平的有效政策立足點的關鍵。眾多學者從起點公平、過程公平及結果公平的維度對階層教育公平的問題進行了研究，陸根書（1999）認為高等教育擴展使不同社會階層之間

---

① 艾德勒. 六大觀念 [M]. 郝慶華, 譯. 上海：生活・讀書・新知三聯書店, 1998：196.

高等教育機會不均等問題更嚴重；餘小波（2002）認為來自農村和城鎮的考生以及父親身分分別是農民、工人、幹部的子女在高等教育的入學機會和專業入讀上存在著明顯的不均等；鄭若玲（2003）認為社會分層對高等教育入學機會具有明顯影響；劉精明（2006）認為在大學本科教育階段，家庭階層優勢成倍地擴大；謝作栩（2004）從以職業分類為基礎的社會階層和以父母受教育程度為代表的家庭文化資源兩方面進行了分析，認為不同社會階層子女在高等教育入學機會方面存在的差異；侯定凱（2004）認為集經濟、文化和社會資本於一體的不同階層群體對其子女的入學機會和專業選擇有明顯的導向作用，優勢群體的子女在大學入學和專業選擇上有更多的機會，劉精明（2004）認為無論是哪種類型的高等教育機會，階層背景的差異一直都以極大的相對優勢而顯著存在，並表現出極為明確的階層化態勢；文東茅（2005）認為中國不同家庭背景子女在受教育結果方面有明顯差異；楊東平（2006）認為家庭背景，特別是文化資本和社會資本對子女進入不同的大學和學習不同的專業有重要影響；侯龍龍、李鋒亮等（2008）認為父母的教育背景對子女接受高等教育的數量和質量均有顯著的促進作用；吳春霞、宋偉琦（2009）認為家庭社會經濟地位越高，子女越有可能進入優質的重點初中就讀；遊河（2009）認為中國教育的階層差距有日益增大之勢，且在很大程度上阻礙了社會階層的合理流動；朱新卓、石俊華等（2013）認為來自城市、階層地位高、家庭收入高、父母受教育程度高的家庭的大學生擔任學生會幹部的比例，高於來自農村、階層地位低、家庭收入低、父母受教育程度低的大學生；岳昌君和楊中超（2012）認為家庭背景對大學生求職結果、起薪及工作滿意度等有顯著影響。已有研究儘管從多維度對階層教育公平的情況進行了判斷，但其判定是針對單一視角的研究，既沒有多維度體現階層教育不平等在不同群體的異質性特徵，也沒有揭示不同群體階層教育差異的變動趨勢。本研究致力於彌補這一研究缺陷，構建基於性別、城鄉、民族、地區、年齡階段等多維視角的階層教育公平評價的分析框架，採用教育基尼系數及分解等有效的評價方法，基於 CGSS 調查數據，綜合評估當前階層教育公平的現狀及其變化趨勢，為後續研究提供研究立足點。

第一節　階層教育公平測度方法及樣本數據

一、測度方法

本書採用的是將總體教育公平在階層之間進行分解，以分析階層間教育公平的差異對總體教育公平的貢獻來評估階層間教育公平的狀況及發展趨勢的方法，並從性別、城鄉、民族、地區、年齡階段等多維視角進行分解，綜合評估不同群體間教育階層差距的情況及變動趨勢，其中涉及教育公平的測度和分解。

1. 教育公平的測度

本書採用教育基尼系數作為衡量教育公平的指標，在計算教育基尼系數時採用受教育年限指標代表受教育情況，並將各級受教育水準劃分為文盲組、小學程度組、初中程度組、中專或技校程度組、高中或職高程度組、大專程度組、本科程度組、研究生及以上程度組，並將各組的受教育年限分別定義為 0 年、6 年、9 年、11 年、12 年、15 年、16 年、19 年，以各級教育的人口數為權重，根據基尼系數是洛倫茲曲線圖中不平等面積與完全不平等面積的比值計算基尼系數，具體計算公式如下：

$$G = 1 - \sum_{i=1}^{5}(W_{i-1} + W_i) \cdot P_i \qquad (8\text{-}1)$$

公式（8-1）中，G 代表教育基尼系數，P_i 代表每組人口數量占總人口數量的比重，W_i 代表累積到第 i 組受教育年限占所有組受教育年限的比值。

2. 教育基尼系數的分解

本書利用 Junsen Zhang 的分解公式，將基尼系數分解為兩部分，即組內及組間，具體分解公式如下：

$$G = (P_1)^2 \cdot \frac{\mu_1}{\mu} \cdot G_1 + (P_2)^2 \cdot \frac{\mu_2}{\mu} \cdot G_2 + (P_3)^2 \cdot \frac{\mu_3}{\mu} \cdot G_3 + G_B \qquad (8\text{-}2)$$

公式（8-2）中，P_1、P_2、P_3分別代表上層組、中層組和下層組的人口比重；μ_1、μ_2、μ_3、μ分別代表上層組、中層組和下層組及總人口平均受教育年限；G_1、G_2、G_3分別代表上層組、中層組和下層組的教育基尼係數；G_B代表階層差距對總體教育基尼係數的絕對貢獻；$(P_1)^2 \cdot (\frac{\mu_1}{\mu}) \cdot G_1$、$(P_2)^2 \cdot (\frac{\mu_2}{\mu}) \cdot G_2$與$(P_3)^2 \cdot (\frac{\mu_3}{\mu}) \cdot G_3$分別代表上層組、中層組和下層組對總體教育基尼係數的絕對貢獻。

二、樣本數據概況

本書採用的數據為中國綜合社會調查（CGSS）中2005、2006、2008、2010、2011、2012、2013、2015年[①]的數據。歷年樣本中受訪者個數分別為10,372、10,151、6,000、11,783、5,620、11,765、11,438、10,968個，城鎮樣本分別為5,422、5,200、3,405、5,713、2,251、5,053、4,571、4,016個，農村樣本分別為4,560、4,951、2,586、6,064、3,367、6,695、6,843、6,931個。根據本文研究內容，在其中選擇教育程度、性別、戶籍地（省、直轄市、自治區）、民族、階層、城鄉、出生年代7個指標的數據，並根據不同的分析維度對以上數據進行了整理和缺失值的處理[②]，樣本情況如表8-1。

[①] 本書使用數據均來自CGSS項目，該調查項目為中國第一個具有綜合性和連續性的大型社會調查項目，由中國人民大學中國調查與數據中心負責執行。

[②] CGSS歷年數據中，刪除了受教育程度指標中私塾、其他及不確定項以及戶籍地、民族、階層指標中其他及不確定項的樣本。

表 8-1　　　　　　　　　　各階層不同群體樣本數

			2005	2006	2008	2010	2011	2012	2013	2015
上層	城鄉	城鎮	343	215	230	370	197	391	455	341
		農村	364	133	85	262	230	393	400	356
	民族	漢族	682	336	307	554	413	706	777	670
		少數民族	25	12	8	78	14	78	78	27
	性別	男性	354	171	168	298	200	391	436	326
		女性	353	177	147	334	227	393	419	371
	地區	東部	314	148	166	271	200	384	476	387
		西部	199	81	52	187	93	215	176	133
		中部	194	119	97	174	134	185	203	177
	出生年代	50後	147	72	44	114	71	139	173	138
		50前	181	62	56	156	104	181	164	146
		60後	167	71	77	136	82	172	146	116
		70後	124	76	66	133	75	133	162	121
		80後和90後	88	67	72	92	95	159	210	176
下層	城鄉	城鎮	3,008	3,187	1,264	1,575	676	1,539	1,060	837
		農村	2,083	3,149	1,297	2,452	1,311	2,359	2,362	1,997
	民族	漢族	4,869	6,080	2,382	3,668	1,876	3,584	3,117	2,701
		少數民族	222	256	179	359	111	314	305	133
	性別	男性	2,386	2,915	1,204	1,977	949	2,095	1,815	1,419
		女性	2,705	3,421	1,357	2,050	1,038	1,803	1,607	1,415
	地區	東部	2,207	2,705	788	1,297	579	1,375	1,003	950
		西部	1,338	1,658	833	1,137	568	1,053	1,096	778
		中部	1,546	1,973	940	1,593	840	1,470	1,323	1,106
	出生年代	50後	1,097	1,421	560	889	445	846	734	593
		50前	1,327	1,218	456	853	444	883	786	533
		60後	1,363	1,704	684	1,004	460	885	742	658
		70後	933	1,277	557	738	381	716	589	484
		80後和90後	371	716	304	543	257	567	571	566

表8-1(續)

年份			2005	2006	2008	2010	2011	2012	2013	2015
中層	城鄉	城鎮	2,016	1,533	1,854	3,165	1,366	3,099	3,032	2,704
		農村	1,901	1,171	1,125	3,285	1,814	3,902	4,044	4,110
	民族	漢族	3,782	2,606	2,848	5,813	3,004	6,396	6,496	6,505
		少數民族	135	98	131	637	176	605	580	309
	性別	男性	1,851	1,250	1,445	3,071	1,407	3,503	3,467	3,103
		女性	2,066	1,454	1,534	3,379	1,773	3,498	3,609	3,711
	地區	東部	1,844	1,386	1,364	2,653	1,259	2,939	3,049	2,911
		西部	929	633	639	1,681	687	1,732	1,571	1,501
		中部	1,144	685	976	2,116	1,234	2,330	2,456	2,402
	出生年代	50後	771	514	524	1,176	612	1,297	1,298	1,290
		50前	818	383	451	1,350	666	1,469	1,295	1,377
		60後	946	657	655	1,421	644	1,453	1,393	1,388
		70後	900	608	690	1,330	623	1,356	1,490	1,186
		80後和90後	482	542	659	1,171	635	1,426	1,600	1,573

從受教育程度來看，上層群體在較高教育階段樣本占比均高於中層和下層群體，且隨著時間的推移，這一特徵不斷強化，具體情況如表8-2。

表8-2　　　　　　　　各階層不同教育階段樣本數

年份	階層	文盲	小學	初中	普高或職高	中專或技校	大專	本科	研究生及以上
2005	上層	39	143	206	51	133	78	53	4
	下層	671	1,284	1,606	250	889	262	123	6
	中層	314	942	1,205	240	662	341	202	11
2006	上層	26	58	89	33	62	41	36	3
	下層	695	1,569	2,221	372	971	347	153	8
	中層	178	444	808	236	484	328	214	12
2008	上層	15	46	62	28	56	48	55	5
	下層	288	800	809	118	368	112	60	6
	中層	165	569	860	242	543	330	255	15

157

表8-2(續)

年份	階層	文盲	小學	初中	普高或職高	中專或技校	大專	本科	研究生及以上
2010	上層	73	114	154	54	91	52	82	12
	下層	722	1,072	1,258	199	461	180	122	13
	中層	804	1,319	1,907	440	831	610	490	49
2011	上層	45	80	120	26	60	49	38	9
	下層	365	530	601	90	234	104	59	4
	中層	371	687	1,014	196	383	256	243	30
2012	上層	84	133	200	54	113	93	99	8
	下層	698	1,033	1,130	176	459	215	174	13
	中層	841	1,509	1,968	447	970	642	590	34
2013	上層	79	157	198	59	122	98	120	22
	下層	673	901	1,024	146	394	153	121	10
	中層	846	1,372	2,089	426	1,023	672	594	54
2015	上層	58	111	165	44	96	81	118	24
	下層	484	803	796	118	345	162	116	10
	中層	841	1,459	1,988	372	942	529	613	70

第二節　階層教育公平的測度與比較

一、階層教育公平的總體情況

本書利用CGSS2005—2015年數據，根據公式（8-1）和（8-2）將衡量總體教育公平的教育基尼系數在階層間進行分解，分解後教育基尼系數分為四部分：第一部分為上層群體組內教育公平對總體教育基尼系數的貢獻；第二部分為中層群體組內教育公平對總體教育基尼系數的貢獻；第三部分為下層群體組內教育公平對總體教育基尼系數的貢獻；第四部分為階

層間差異對總體教育基尼系數的貢獻。具體情況如表 8-3。

表 8-3　　　　　　　　　　階層教育公平總體情況

		2005	2006	2008	2010	2011	2012	2013	2015
G		0.259	0.248	0.245	0.299	0.295	0.297	0.297	0.296
上層內部	絕對貢獻	0.001,3	0.000,4	0.000,7	0.001,0	0.001,8	0.001,4	0.001,7	0.001,3
	貢獻率（%）	0.51	0.15	0.30	0.34	0.60	0.46	0.59	0.43
下層內部	絕對貢獻	0.071	0.109	0.044	0.037	0.036	0.032	0.026	0.024
	貢獻率（%）	27.50	43.87	17.97	12.47	12.33	10.92	8.76	8.05
中層內部	絕對貢獻	0.041	0.021	0.062	0.101	0.094	0.105	0.113	0.122
	貢獻率（%）	15.96	8.35	25.18	33.75	31.87	35.45	38.13	41.27
階層間	絕對貢獻	0.145	0.118	0.138	0.160	0.163	0.158	0.156	0.149
	貢獻率（%）	56.03	47.63	56.55	53.44	55.20	53.17	52.53	50.25

數據來源：根據公式（8-1）和（8-2）計算而得

從階層教育公平對總體教育公平的靜態貢獻來看：第一，階層間的教育不公平是總體教育不公平的主要來源，平均絕對貢獻額為 0.148，平均貢獻率達到 53.1%；第二，上層、下層及中層群體內部的教育不公平也是總體教育不公平的重要來源，上層、下層及中層群體內部的平均絕對貢獻額分別為 0.001、0.047、0.082，平均貢獻率分別為 0.42%、17.73%、28.74%；第三，中層群體內部教育不公平對總體教育公平的貢獻大於上層及下層群體，中層群體內部平均絕對貢獻額比上層及下層群體分別高約 0.081 及 0.035 個單位，貢獻率比上層及下層群體分別高約 28.32 及 11.01 個百分點。

從階層教育公平對總體教育公平的動態貢獻來看：在總體教育不公平增長的態勢下，階層間及中層群體內部教育不公平的增加推動了總體教育不公平的增長，上層及下層群體內部教育不公平的減弱抑制了總體教育不公平的增長。2005—2015 年，總體教育不公平增加了 0.037 個單位，中層群體內部的正貢獻率達 218%，上層群體內部的負貢獻率達 0.12%，下層群體內部的負貢獻率達 127%，地區間的正貢獻率達 10%。

由此可知，不管是從靜態還是動態的視角來看，階層間的教育不公平仍然是總體教育不公平的主要來源，其地位還將逐步強化；中層群體內部

教育不公平對總體教育不公平的貢獻大於上層和下層群體，且從長期發展趨勢來看，這一特徵逐步強化。

二、階層教育公平的性別差異

階層教育差異受各階層居民家庭教育觀念、教育支付能力、教育期望及支付意願等因素的影響。性別角色文化是影響教育獲得的重要因素，不同性別群體由於其所處的性別角色地位的差異，獲得教育的機會和水準存在較大的差異。影響各階層居民教育獲得的教育觀念、教育期望及教育支付意願在不同的性別群體又具有差異化的表現，使各階層居民教育差異產生性別異質性。因此本書以樣本的性別屬性為劃分標準，將歷年樣本劃分為男性和女性兩個群體，利用公式（8-1）和（8-2）分別將兩個群體的教育基尼系數在階層間進行分解，以進行對比分析，從男、女性兩個不同群體的視角評估階層教育公平的情況及發展趨勢，具體結果如表8-4。

表 8-4　　　　　　　　　　階層教育公平的性別差異

	年份	2005	2006	2008	2010	2011	2012	2013	2015
男性	G	0.215	0.208	0.210	0.247	0.235	0.253	0.246	0.24
	上層內部 絕對貢獻	0.001,2	0.000,3	0.000,8	0.000,8	0.001,5	0.001,1	0.001,5	0.001,2
	上層內部 貢獻率（%）	0.57	0.16	0.37	0.34	0.65	0.44	0.59	0.49
	下層內部 絕對貢獻	0.058	0.091	0.036	0.032	0.031	0.030	0.024	0.02
	下層內部 貢獻率（%）	26.99	43.60	16.89	12.84	13.35	12.04	9.55	8.21
	中層內部 絕對貢獻	0.035	0.017	0.054	0.081	0.071	0.085	0.090	0.096
	中層內部 貢獻率（%）	16.16	8.15	25.87	32.91	30.07	33.74	36.40	40.59
	階層間 絕對貢獻	0.121	0.100	0.120	0.133	0.132	0.136	0.132	0.12
	階層間 貢獻率（%）	56.29	48.09	56.88	53.91	55.93	53.77	53.45	50.71

表8-4(續)

	年份		2005	2006	2008	2010	2011	2012	2013	2015
女性		G	0.297	0.281	0.276	0.347	0.345	0.344	0.349	0.35
	上層內部	絕對貢獻	0.001,4	0.000,4	0.000,7	0.001,2	0.002,0	0.001,7	0.002,0	0.001,6
		貢獻率（%）	0.47	0.14	0.25	0.35	0.58	0.49	0.58	0.46
	下層內部	絕對貢獻	0.082	0.124	0.052	0.042	0.039	0.034	0.027	0.02
		貢獻率（%）	27.71	44.16	18.74	12.11	11.28	9.75	7.84	6.27
	中層內部	絕對貢獻	0.047	0.024	0.068	0.119	0.116	0.128	0.139	0.157
		貢獻率（%）	15.92	8.45	24.79	34.36	33.51	37.14	39.97	45.15
	階層間	絕對貢獻	0.166	0.133	0.155	0.184	0.189	0.181	0.180	0.17
		貢獻率（%）	55.89	47.25	56.21	53.18	54.63	52.62	51.61	48.12

數據來源：根據公式（8-1）和（8-2）計算而得

從不同性別群體階層教育不公平對總體教育不公平的靜態貢獻來看：第一，在女性群體教育總體不公平遠遠高於男性群體的背景下（女性群體教育基尼係數平均值為 0.32，男性群體則為 0.23，相差約為 0.09），女性群體階層間、各階層內部教育不公平對總體教育不公平的絕對貢獻額均高於男性群體，且階層間及中層群體內部更為明顯。女性群體階層間平均絕對貢獻額為 0.169，男性群體則為 0.124，相差 0.045；女性群體上層、下層及中層內部平均絕對貢獻額分別為 0.001,4、0.053、0.1，男性群體則為 0.001,1、0.04、0.066，相差分別為 0.000,3、0.013、0.034。第二，階層間及各階層內部教育不公平對總體教育不公平平均貢獻率的性別差異較小。女性群體階層間、上層及下層內部的平均貢獻率分別為 52.44%、0.42%、17.23%，略小於男性群體的 53.63%、0.45%、17.93%；女性中層群體內部的平均貢獻率為 29.91%略高於男性群體的 27.99%。

從不同性別群體階層教育公平對總體教育公平的動態貢獻來看：第一，在女性群體教育總體不公平增加額略大於男性群體的背景下（女性群體教育基尼係數增加額為 0.051，男性群體則為 0.022，相差 0.029 個單位），階層間的教育不公平對總體不公平增加的貢獻表現各異的性別差異，男性群體的貢獻為負，女性群體的貢獻為正，正向貢獻高達 291%。第二，各階層內部教育不公平對總體不公平增加的貢獻表現出各異的性別差異。

男性群體上層內部的教育不公平對總體教育不公平增長具有微弱的負向貢獻，而女性群體則為微弱的正向貢獻；男性群體下層內部的教育不公平對總體教育不公平增長的貢獻與女性群體均為負向，但男性負向貢獻大於女性，男性群體的負向貢獻率達 180%，比女性群體的 118%，高了近 62 個百分點；男性及女性群體中層內部的教育不公平對總體教育不公平增長的貢獻均為正向，且男性群體的正向貢獻大於女性。男性群體的正向貢獻率達 285%，比女性群體的 215%，高了近 70 個百分點。

由此可知，階層間教育不公平仍然是不同性別群體內部教育不公平的主要來源，且其在女性內部的作用越來越凸顯。階層間教育不公平對總體教育不公平的相對貢獻的性別差異性較小，且有逐步縮小的趨勢。各階層內部教育不公平對總體教育不公平的相對貢獻的性別差異也較小，且均有明顯縮小的趨勢。

三、階層教育公平的城鄉差異

教育的家庭、政府及社會投入是制約教育獲得的重要因素，不同階層群體的居民由於其所處的城鄉地域環境的差異，在家庭教育決策、社會教育資源的獲得上存在較大的差距，使不同階層群體在教育獲得上存在明顯的城鄉群體特徵。因此本書以樣本的戶籍屬性為劃分標準，將歷年樣本劃分為城鎮和農村兩個群體，利用公式（8-1）和（8-2）分別將兩個群體的教育基尼系數在階層間進行分解，以進行對比分析，從城鄉兩個不同群體的視角評估階層教育公平的情況及發展趨勢，具體結果如表 8-5。

表 8-5　　　　　　　　　階層教育公平的城鄉差異

年份			2005	2006	2008	2010	2011	2012	2013	2015
城鎮地區	G		0.199	0.182	0.189	0.214	0.202	0.203	0.206	0.201
	上層內部	絕對貢獻	0.021	0.024	0.021	0.031	0.032	0.025	0.029	0.029
		貢獻率（%）	10.29	13.11	11.21	14.27	15.77	12.40	14.19	14.21
	下層內部	絕對貢獻	0.016	0.015	0.017	0.017	0.022	0.014	0.016	0.016
		貢獻率（%）	8.15	8.29	8.85	7.75	10.99	7.15	8.01	8.07
	中層內部	絕對貢獻	0.01	0.01	0.01	0.01	0.00	0.00	0.00	0.00
		貢獻率（%）	4.11	3.65	4.87	3.35	1.53	2.47	1.91	1.63
	階層間	絕對貢獻	0.154	0.136	0.142	0.160	0.145	0.158	0.156	0.153
		貢獻率（%）	77.46	74.95	75.07	74.63	71.72	77.98	75.90	76.09
農村地區	G		0.284	0.281	0.269	0.327	0.323	0.333	0.326	0.328
	上層內部	絕對貢獻	0.027	0.033	0.033	0.032	0.031	0.034	0.032	0.034
		貢獻率（%）	9.58	11.89	12.16	9.80	9.68	10.37	9.70	10.49
	下層內部	絕對貢獻	0.032	0.025	0.048	0.057	0.066	0.057	0.054	0.054
		貢獻率（%）	11.38	8.98	17.83	17.49	20.44	17.23	16.67	16.58
	中層內部	絕對貢獻	0.02	0.02	0.02	0.03	0.03	0.03	0.03	0.02
		貢獻率（%）	6.92	7.25	7.04	9.82	8.38	8.85	9.13	7.35
	階層間	絕對貢獻	0.205	0.202	0.169	0.206	0.199	0.211	0.210	0.215
		貢獻率（%）	72.12	71.88	62.97	62.90	61.50	63.55	64.50	65.58

數據來源：根據公式（8-1）和（8-2）計算而得

從城鄉間階層教育不公平對總體教育不公平的靜態貢獻來看：第一，在農村地區教育總體不公平遠遠高於城市地區的背景下（農村地區教育基尼系數平均值為 0.31，城市地區則為 0.2，相差約為 0.11），農村階層間及階層內部教育不公平對總體教育不公平的絕對貢獻額均高於城鎮地區，且階層間的貢獻更為明顯，農村階層間平均絕對貢獻額為 0.202，城市地區則為 0.151，相差約為 0.051；農村上層、下層及中層群體內部平均絕對貢獻額分別為 0.032、0.05、0.03，城市地區則為 0.026、0.02、0.01，相差為 0.006、0.03、0.02。第二，城鄉階層間的平均貢獻率相差顯著，農村階層間的平均貢獻率為 65.62%，比城市地區的 75.47% 低約 9.85 個百分點；城鄉間階層內部的貢獻率相差也較顯著，農村上層群體內部的平均

貢獻率為 10.46%，比城市地區的 13.18% 低約 2.72 個百分點，農村下層群體內部的平均貢獻率為 15.82%，比城市地區的 8.41 高約 7.41 個百分點；農村中層群體內部的平均貢獻率為 5.15%，比城市地區的 2.94% 高約 2.21 個百分點。

從城鄉間階層教育不公平對總體教育不公平的動態貢獻來看：第一，在農村地區教育總體不公平增加額大於城市地區的背景下（農村地區教育基尼系數增加額為 0.044，城市地區則為 0.002，相差約為 0.042 個單位），階層間的教育不公平對總體不公平增加的貢獻表現各異的城鄉差異，城鎮群體的貢獻為負，負向貢獻率達 66.3%，農村群體的貢獻為正，正向貢獻率達 23.38%。第二，各階層內部教育不公平對總體不公平增加的貢獻表現出各異的城鄉差異。農村上層群體內部的教育不公平對總體教育不公平增長的正向貢獻比城鎮地區低近 407 個百分點；農村下層群體內部的教育不公平對總體教育不公平增長的貢獻比城鎮高約 49 個百分點；農村中部群體內部的教育不公平對總體教育不公平增長具有微弱的正向貢獻，而城鎮中部群體內部的教育不公平對總體教育不公平增長具有較大的負向貢獻。

由此可知，階層間教育不公平仍然是城市與農村內部教育不公平的主要來源，且其作用在農村內部越來越凸顯。階層間教育不公平對總體教育不公平的相對貢獻的城鄉差異性顯著，且有逐步縮小的趨勢，各地區內部教育不公平對總體教育不公平的相對貢獻的城鄉差異也較大，中層及下層群體有明顯的擴大趨勢，上層群體的差距進一步縮小。

四、階層教育公平的民族差異

本書將歷年樣本劃分為漢族與少數民族兩個群體，利用公式（8-1）和（8-2）分別將兩個群體的教育基尼系數在階層間進行分解，以進行對比分析，從漢族和少數民族兩個不同群體的視角評估階層教育公平的情況及發展趨勢，具體結果如表 8-6。

表 8-6　　　　　　　　　階層教育公平的民族差異

	年份		2005	2006	2008	2010	2011	2012	2013	2015
漢族	G		0.256	0.246	0.243	0.295	0.294	0.294	0.295	0.294
	上層內部	絕對貢獻	0.030	0.031	0.028	0.037	0.038	0.036	0.035	0.035
		貢獻率（%）	11.64	12.70	11.68	12.55	12.79	12.27	11.92	12.07
	下層內部	絕對貢獻	0.025	0.022	0.031	0.038	0.049	0.037	0.039	0.040
		貢獻率（%）	9.62	8.93	12.77	12.92	16.68	12.48	13.23	13.52
	中層內部	絕對貢獻	0.01	0.01	0.01	0.01	0.01	0.01	0.01	0.01
		貢獻率（%）	4.69	4.43	4.58	4.35	3.85	3.83	3.90	3.76
	階層間	絕對貢獻	0.190	0.182	0.173	0.207	0.196	0.210	0.210	0.208
		貢獻率（%）	74.05	73.94	70.97	70.18	66.68	71.43	70.94	70.65
少數民族	G		0.313	0.274	0.267	0.327	0.320	0.329	0.312	0.334
	上層內部	絕對貢獻	0.002	0.004	0.003	0.009	0.010	0.009	0.011	0.015
		貢獻率（%）	0.61	1.46	1.26	2.78	3.16	2.80	3.46	4.35
	下層內部	絕對貢獻	0.000	0.004	0.002	0.017	0.011	0.017	0.018	0.010
		貢獻率（%）	0.16	1.29	0.81	5.07	3.41	5.25	5.85	2.88
	中層內部	絕對貢獻	0.12	0.14	0.12	0.12	0.09	0.12	0.10	0.10
		貢獻率（%）	39.07	50.05	44.26	37.37	27.88	37.17	32.54	28.45
	階層間	絕對貢獻	0.188	0.129	0.143	0.179	0.210	0.180	0.181	0.215
		貢獻率（%）	60.16	47.19	53.67	54.78	65.55	54.77	58.15	64.32

數據來源：根據公式（8-1）和（8-2）計算而得

　　從不同民族群體階層教育公平對總體教育公平的靜態貢獻來看：第一，在少數民族群體內部教育總體不公平略高於漢族群體的背景下（少數民族群體教育基尼系數平均值為 0.31，漢族群體為 0.28，相差約為 0.03），漢族群體階層間的教育不公平對總體教育不公平的平均貢獻率及貢獻額均比少數民族高，其平均貢獻率及貢獻額分別為 71.11%、0.197 比少數民族群體的 57.32%、0.178 高出約 13.79 個百分點及 0.019 個單位。第二，在各階層內部教育不公平對總體教育不公平的貢獻具有顯性的民族異質性背景下，少數民族中層群體內部教育不公平對總體教育不公平的貢獻遠遠大於漢族，而漢族上層及下層群體內部教育不公平對總體教育不公平的貢獻顯著大於少數民族。少數民族中層群體內部貢獻率及貢獻額分別

為 37.1%、0.113，比漢族群體的 4.17%、0.012 高約 33 個百分點和 0.101 個單位；漢族上層及下層群體內部的貢獻率（貢獻額）分別為 12.2%（0.034）、12.52%（0.035），比少數民族群體的 2.49%（0.008）、3.09%（0.01）略高約 9.71 個百分點（0.026 個單位）和 9.43 個百分點（0.025 個單位）。

從不同民族群體階層教育公平對總體教育公平的動態貢獻來看：第一，在漢族及少數民族群體教育總體不公平增加的背景下（漢族及少數民族群體教育基尼系數分別增加約 0.04 和 0.02 個單位），漢族及少數民族群體階層間教育不公平對總體教育不公平增長的貢獻均呈遞增態勢，且少數民族群體階層間教育不公平對總體教育不公平增長的正向貢獻大於漢族群體，其正向貢獻率達 127%，比漢族群體 47% 的正向貢獻率高出約 80 個百分點。第二，階層內部教育不公平對總體教育不公平增長的貢獻方向呈現民族同質性，貢獻程度呈現民族異質性。漢族及少數民族中層群體內部教育不公平對總體教育不公平增長的貢獻均為負，少數民族群體的負向貢獻率為 132%，比漢族的 3% 高出 129 個百分點；漢族及少數民族群體上層及下層內部教育不公平對總體教育不公平增長的貢獻均為正，且少數民族的正向貢獻均大於漢族，少數民族上層群體內部教育不公平對總體教育不公平增長的貢獻為 60.7% 比漢族的 14.98% 高出約 45.72 個百分點，少數民族下層群體內部教育不公平對總體教育不公平增長的貢獻為 43.9% 比漢族的 40.17% 高出約 3.73 個百分點。

由此可知：第一，階層間教育不公平仍然是各民族區內部教育不公平的主要來源，且其作用越來越凸顯；第二，漢族群體階層間教育不公平的主導地位強於少數民族群體，但呈現逐步弱化的趨勢；第三，階層內部教育不公平對總體教育不公平的貢獻儘管表現出顯著的民族異質性，但隨時間的推移民族間各階層內部教育不公平貢獻各異的變化使各階層內部教育不公平對總體教育不公平貢獻的民族異質性呈現逐步趨同的特徵。

五、階層教育公平的地區差異

不同階層的群體不僅具有差異較大的影響教育獲得的家庭文化資本、

經濟資本及社會資本，而且具有不同的影響家庭教育決策的地域背景。不同階層群體由於其所處的地域文化、經濟等社會背景的差異有不同的教育決策偏好，使教育獲得的階層差異存在明顯的地域群體特徵。因此，本書根據「七五」計劃對中國東部、中部、西部三個地區的劃分標準，以及「西部大開發」戰略中對部分地區的調整，將 31 個省（直轄市、自治區）劃分為三大經濟階梯發展地區，即東部地區①（經濟發達地區）、中部地區②（經濟中等發達地區）及西部地區③（經濟欠發達地區），並以此為依據將歷年樣本劃分為東部地區、中部地區和西部地區三個群體，利用公式（8-1）和（8-2）分別將三個群體的教育基尼系數在階層間進行分解，以進行對比分析，從東部、中部、西部三個不同群體的視角評估階層教育公平的情況及發展趨勢，具體結果如表 8-7。

表 8-7　　　　　　　　　階層教育公平的地區差異

	年份		2005	2006	2008	2010	2011	2012	2013	2015
東部	G		0.235	0.223	0.219	0.253	0.240	0.244	0.247	0.249
	上層內部	絕對貢獻	0.006	0.004	0.004	0.005	0.006	0.005	0.005	0.004
		貢獻率（%）	2.72	1.80	1.91	1.79	2.68	2.05	1.84	1.42
	下層內部	絕對貢獻	0.059	0.088	0.024	0.023	0.019	0.021	0.012	0.012
		貢獻率（%）	25.09	39.57	11.07	8.92	7.89	8.69	4.79	4.75
	中層內部	絕對貢獻	0.04	0.02	0.07	0.10	0.09	0.09	0.11	0.12
		貢獻率（%）	18.26	10.55	33.49	39.76	37.62	38.27	44.31	47.21
	階層間	絕對貢獻	0.127	0.107	0.117	0.126	0.125	0.125	0.121	0.116
		貢獻率（%）	53.92	48.08	53.54	49.52	51.81	51.00	49.07	46.62

---

① 東部地區為北京、天津、河北、遼寧、上海、江蘇、浙江、福建、山東、廣東和海南 11 個省（直轄市）。

② 中部地區為山西、吉林、黑龍江、安徽、江西、河南、湖北、湖南 8 個省。

③ 西部地區為重慶、四川、貴州、雲南、西藏、陝西、甘肅、青海、寧夏、新疆、內蒙古、廣西 12 個省（直轄市、自治區）。

表8-7(續)

	年份	2005	2006	2008	2010	2011	2012	2013	2015
中部	G	0.253	0.248	0.240	0.297	0.301	0.301	0.318	0.298
	上層內部 絕對貢獻	0.008	0.007	0.004	0.005	0.005	0.004	0.005	0.004
	上層內部 貢獻率（%）	3.18	2.97	1.84	1.60	1.76	1.43	1.45	1.22
	下層內部 絕對貢獻	0.073	0.121	0.050	0.048	0.042	0.040	0.035	0.026
	下層內部 貢獻率（%）	28.89	48.65	20.67	16.09	14.10	13.32	10.93	8.75
	中層內部 絕對貢獻	0.04	0.02	0.06	0.09	0.09	0.10	0.12	0.13
	中層內部 貢獻率（%）	14.92	6.17	23.01	29.81	30.96	33.89	37.39	42.28
	階層間 絕對貢獻	0.134	0.105	0.131	0.156	0.160	0.155	0.160	0.142
	階層間 貢獻率（%）	53.01	42.21	54.48	52.50	53.17	51.36	50.24	47.76
西部	G	0.299	0.279	0.274	0.339	0.338	0.350	0.322	0.349
	上層內部 絕對貢獻	0.010	0.006	0.004	0.006	0.008	0.007	0.006	0.006
	上層內部 貢獻率（%）	3.51	2.16	1.32	1.79	2.48	2.00	1.82	1.64
	下層內部 絕對貢獻	0.090	0.131	0.076	0.045	0.060	0.041	0.047	0.035
	下層內部 貢獻率（%）	30.10	46.96	27.88	13.38	17.86	11.71	14.65	10.08
	中層內部 絕對貢獻	0.04	0.02	0.05	0.11	0.09	0.12	0.10	0.13
	中層內部 貢獻率（%）	13.41	7.32	17.65	31.46	25.23	33.51	30.24	38.47
	階層間 絕對貢獻	0.158	0.122	0.145	0.181	0.184	0.185	0.172	0.174
	階層間 貢獻率（%）	52.97	43.56	53.16	53.37	54.42	52.78	53.29	49.82

數據來源：根據公式（8-1）和（8-2）計算而得

　　從不同地區階層教育不公平對總體教育不公平的靜態貢獻來看：第一，在東部、中部和西部地區教育總體不公平呈現出從低到高的階梯形特徵的背景下（東部、中部、西部地區教育基尼系數平均值分別為0.24、0.28、0.32），東部、中部和西部地區教育總體不公平對總體教育不公平的貢獻額和貢獻率均呈從低到高的階梯形特徵，東部、中部和西部地區的平均貢獻額和貢獻率分別為0.12、50.44%；0.143、50.59%；0.165、51.67%。第二，在各經濟發展區內各階層內部教育不公平對總體教育不公平貢獻為中層大於上層和下層的背景下（東部、中部及西部地區中層內部的貢獻率分別為上層的16.62、14.14、11.8倍，是下層的2.43、1.35、1.14倍），西部地區上層及下層群體內部的平均貢獻率大於中部及西部地區，其為2.09%和21.58%，比東部地區的2.03%和13.85高出約0.06和

7.73個百分點，比中部地區的1.93%和20.17高出約1.41個百分點；東部地區中層群體內部的平均貢獻率大於中部及西部地區，其為33.68%，比中部地區的27.31%高出約6.37個百分點，比西部地區的24.66%高出約9.02個百分點。

從不同地區階層教育不公平對總體教育不公平的動態貢獻來看：第一，在各地區教育總體不公平增加的背景下（東部、中部、西部教育基尼系數分別增加約為0.013、0.045、0.051個單位），各地區階層間教育不公平對總體教育不公平的貢獻具有顯性的地區異質性，東部地區階層間的教育不公平對總體教育不公平增長的貢獻為負，負向貢獻率達81.2%，中部及西部地區階層間的教育不公平對總體教育不公平增長的貢獻為正，且西部地區的正向貢獻達31.27%，比中部地區的18.1%，高出約13.17個百分點。第二，在各經濟發展區內各階層內部教育不公平對總體教育不公平增長的貢獻存在顯著的區域差異特徵。從上層群體內部教育不公平對總體教育不公平增長的貢獻來看，各地區的貢獻均為負向，東部地區負向貢獻最大，達21.5%，比中部地區的9.9%高約11.6個百分點，比西部地區的9.4%高約12.1個百分點；從下層內部教育不公平對總體教育不公平增長的貢獻來看，各地區的貢獻也均為負向，東部地區負向貢獻最大，達351%，比中部地區的105%高246個百分點，比西部地區的108%高243個百分點；從中層內部教育不公平對總體教育不公平增長的貢獻來看，各地區的貢獻也均為正向，東部地區正向貢獻最大，達554%，比中部地區的197%高約357個百分點，比西部地區的186%高約368個百分點。

由此可知：第一，階層間教育不公平仍然是各經濟發展區內部教育不公平的主要來源，其在各經濟發展區間表現為經濟發展越落後地區其對總體教育不公平的貢獻越大，且地區間的差距有越來越大的趨勢；第二，各經濟發展區中層群體教育不公平對總體教育不公平的貢獻均大於上層和下層群體，且表現出經濟發展越發達地區越顯著的特徵；第三，各階層群體內部教育不公對總體教育不公平的貢獻的地區差距呈現越來越大的趨勢。

六、階層教育公平的年齡差異

家庭教育決策中的階層差異不僅受到家庭背景因素的影響，同時也會受決策者所處的政治、經濟、文化背景因素的影響。各階層不同家庭的教育決策在家庭背景各因素的作用下表現出較大的差異，同時各階層所處的經濟、文化環境異質的家庭背景因素在影響家庭教育決策的過程中由於不同的社會發展階段各地區的經濟、文化、教育、就業及養老等環境的差異，使各階層群體教育獲得的差異存在明顯的年齡階段群體特徵。因此，本書根據樣本的實際出生時間，結合不同時代的群體特徵，將歷年樣本劃分為 50 前、50 後、60 後、70 後、80 後和 90 後，利用公式（8-1）和（8-2）分別將五個群體的教育基尼系數在階層間進行分解，以進行對比分析，從 50 前、50 後、60 後、70 後、80 後和 90 後五個不同群體的視角評估階層教育公平的情況及發展趨勢，具體結果如表 8-8。

表 8-8　　　　　　　　　階層教育公平的年齡差異

	年份	2005	2006	2008	2010	2011	2012	2013	2015
	G	0.378	0.345	0.333	0.458	0.458	0.458	0.494	0.441
50前	上層內部 絕對貢獻	0.002,2	0.000,5	0.001,3	0.002,1	0.003,5	0.002,3	0.002,8	0.002,4
	上層內部 貢獻率（%）	0.57	0.15	0.40	0.46	0.76	0.50	0.56	0.54
	下層內部 絕對貢獻	0.121	0.173	0.070	0.056	0.057	0.051	0.052	0.027
	下層內部 貢獻率（%）	32.03	50.25	21.06	12.30	12.34	11.32	10.50	6.10
	中層內部 絕對貢獻	0.05	0.02	0.07	0.15	0.14	0.15	0.17	0.20
	中層內部 貢獻率（%）	12.22	5.78	21.00	33.10	30.27	34.25	34.84	45.02
	階層間 絕對貢獻	0.209	0.151	0.192	0.248	0.259	0.244	0.267	0.213
	階層間 貢獻率（%）	55.18	43.81	57.54	54.14	56.62	53.94	54.11	48.34

表8-8(續)

年份			2005	2006	2008	2010	2011	2012	2013	2015
50後		G	0.262	0.293	0.284	0.336	0.344	0.332	0.329	0.342
	上層內部	絕對貢獻	0.001,4	0.000,4	0.000,4	0.001,0	0.001,2	0.001,3	0.002,1	0.001,6
		貢獻率（%）	0.53	0.13	0.15	0.29	0.36	0.40	0.64	0.47
	下層內部	絕對貢獻	0.076	0.145	0.067	0.055	0.052	0.044	0.036	0.028
		貢獻率（%）	28.88	49.58	23.69	16.29	15.16	13.24	10.92	8.18
	中層內部	絕對貢獻	0.04	0.02	0.06	0.10	0.10	0.11	0.11	0.14
		貢獻率（%）	15.05	6.63	22.03	28.77	30.10	32.41	34.32	40.65
	階層間	絕對貢獻	0.146	0.128	0.154	0.184	0.187	0.179	0.178	0.173
		貢獻率（%）	55.53	43.67	54.13	54.65	54.38	53.96	54.12	50.70
60後		G	0.210	0.205	0.204	0.242	0.225	0.234	0.236	0.248
	上層內部	絕對貢獻	0.001,0	0.000,2	0.000,7	0.000,8	0.001,1	0.001,3	0.001,0	0.000,8
		貢獻率（%）	0.47	0.08	0.34	0.31	0.50	0.56	0.42	0.33
	下層內部	絕對貢獻	0.062	0.097	0.043	0.035	0.034	0.027	0.024	0.022
		貢獻率（%）	29.57	47.32	21.12	14.60	15.04	11.38	10.36	8.85
	中層內部	絕對貢獻	0.03	0.02	0.04	0.07	0.06	0.08	0.09	0.10
		貢獻率（%）	14.77	7.70	21.62	30.91	28.68	33.85	36.43	40.87
	階層間	絕對貢獻	0.116	0.092	0.116	0.131	0.125	0.127	0.125	0.124
		貢獻率（%）	55.19	44.89	56.92	54.17	55.78	54.21	52.79	49.95
70後		G	0.190	0.192	0.208	0.217	0.205	0.222	0.208	0.221
	上層內部	絕對貢獻	0.000,8	0.000,4	0.000,5	0.000,9	0.001,1	0.000,9	0.001,2	0.001,0
		貢獻率（%）	0.40	0.19	0.25	0.41	0.54	0.39	0.56	0.47
	下層內部	絕對貢獻	0.043	0.076	0.034	0.022	0.023	0.023	0.013	0.016
		貢獻率（%）	22.77	39.52	16.38	10.17	11.42	10.30	6.25	7.20
	中層內部	絕對貢獻	0.04	0.02	0.06	0.08	0.07	0.08	0.09	0.09
		貢獻率（%）	20.65	10.04	26.74	36.49	33.53	36.70	43.72	42.31
	階層間	絕對貢獻	0.107	0.097	0.118	0.115	0.112	0.117	0.103	0.111
		貢獻率（%）	56.17	50.25	56.63	52.93	54.51	52.61	49.47	50.02

表8-8(續)

年份			2005	2006	2008	2010	2011	2012	2013	2015
80後和90後	G		0.157	0.148	0.156	0.169	0.160	0.165	0.164	0.160
	上層內部	絕對貢獻	0.001,3	0.000,4	0.000,6	0.000,4	0.001,4	0.000,8	0.001,2	0.000,9
		貢獻率(%)	0.85	0.25	0.41	0.25	0.88	0.48	0.74	0.55
	下層內部	絕對貢獻	0.025	0.043	0.015	0.015	0.011	0.012	0.009	0.009
		貢獻率(%)	15.85	28.82	9.30	8.82	6.63	7.51	5.64	5.82
	中層內部	絕對貢獻	0.04	0.02	0.06	0.07	0.07	0.07	0.07	0.07
		貢獻率(%)	25.82	15.90	37.95	41.36	41.23	42.72	44.67	45.54
	階層間	絕對貢獻	0.090	0.081	0.082	0.084	0.082	0.081	0.080	0.077
		貢獻率(%)	57.47	55.02	52.35	49.57	51.26	49.29	48.95	48.09

數據來源：根據公式（8-1）和（8-2）計算而得

從各年齡層間階層教育公平對總體教育公平的靜態貢獻來看：第一，在各年齡層群體教育總體不公平呈從高到低的階梯形特徵的背景下（50前、50後、60後、70後、80後和90後各群體教育基尼系數平均值分別為0.42、0.32、0.23、0.21、0.16），階層間教育不公平對總體教育不公平的貢獻額，隨年齡層的降低而降低，貢獻率也基本隨年齡層的降低而降低，50前、50後、60後、70後、80後和90後群體的平均貢獻額分別為0.22、0.17、0.12、0.14、0.11、0.08，其平均貢獻率分別為52.96%、52.64%、52.99%、52.82%、51.5%。第二，在各年齡層群體內中層群體內部教育不公平對總體教育不公平的貢獻均大於其他階層群體的背景下，從各年齡層間各階層內部教育不公平對總體教育公平的貢獻的差別來看，80後和90後群體上層內部的平均貢獻率居於首位，其為0.55%，比50前群體的0.49%高出約0.06個百分點，比50後群體的0.37%高出約0.18個百分點，比60後群體的0.38%高出約0.17個百分點，比70後群體的0.4%高出約0.15個百分點；50後群體下層內部的平均貢獻率居於首位，其為20.74%，比50前群體的19.49%高出約1.25個百分點，比60後群體的19.78%高出約0.96個百分點，比70後群體的15.5%高出約5.24個百分點，比80後和90後群體的11.05%高出約9.69個百分點；80後和90後群體中層內部的平均貢獻率居於首位，其為36.9%，比50前群體的27.06%

高出約 9.84 個百分點，比 50 後群體的 26.24%高出約 10.66 個百分點，比 60 後群體的 26.85%高出約 10.05 個百分點，比 70 後群體的 31.27%高出約 5.63 個百分點。

從各年齡層間階層教育公平對總體教育公平的動態貢獻來看：第一，在各年齡層群體教育總體不公平增加的背景下（50 前、50 後、60 後、70 後、80 後和 90 後群體教育基尼系數分別增加約為 0.063、0.08、0.038、0.032、0.003 個單位），各年齡層群體階層間教育不公平對總體教育不公平增長的貢獻具有顯著的地區差異，50 前、50 後、60 後及 70 後各群體階層間教育不公平對總體教育不公平增長的貢獻均為正，且 50 後的正向貢獻最大，60 後其次，50 前最小，80 後和 90 後群體階層間教育不公平對總體教育不公平增長的貢獻為負，負向貢獻高達 456%。第二，在各年齡層群體內各階層內部教育不公平對總體教育不公平的貢獻的方向和程度具有較大差異的背景下，從上層內部教育不公平對總體教育不公平增長的貢獻來看，除 60 後、80 後和 90 後群體的貢獻為正外，其他年齡群體的貢獻均為負，且除 80 後和 90 後群體的負向貢獻達到 15%外，其他群體的貢獻均不到 1%；從下層內部教育不公平對總體教育不公平增長的貢獻來看，各年齡層群體的貢獻均為負，80 後和 90 後群體的負向貢獻最大，高達 533%，是 50 前群體的 3.55 倍，是 50 後群體的 8.9 倍，是 60 後群體的 5 倍，是 70 後群體的 6.17 倍；從中層內部教育不公平對總體教育不公平增長的貢獻來看，各年齡層群體的貢獻均為正，80 後和 90 後群體的正向貢獻最大，高達1,104%，是 50 前群體的 4.55 倍，是 50 後群體的 8.84 倍，是 60 後群體的 5.93 倍，是 70 後群體的 6.4 倍。

由此可知：第一，階層間教育不公平仍然是各年齡層內部教育不公平的主要來源，且表現出各年齡群體差距較小的特徵。第二，階層內部的不公平對總體教育不公平及增長的相對貢獻表現出較大的年齡群體差異。80 後和 90 後群體各階層內部教育不公平對總體教育不公平增長的貢獻分別較其他年齡層群體更為顯著，但這種差距有逐步縮小的趨勢。

第三節 結論與政策啟示

一、研究結論

本書基於 CGSS 歷年數據，從性別、城鄉、民族、地區及年齡等多維視角綜合評估了階層教育差距的情況及變化趨勢。研究結果表明：

第一，階層間的教育不公平是總體及各群體內部教育不公平的主要來源，且其貢獻率表現出微弱的性別、年齡、地區差異和較大的城鄉及民族差異特徵。地區間教育不公平對總體及各群體內部教育不公平的歷年平均貢獻率均處於 50% 以上的水準，且男性貢獻率比女性高約 1.2 個百分點，漢族比少數民族高約 13.8 個百分點，城鎮比農村高約 10 個百分點，西部比東部及中部群體分別高約 1.23 和 1.08 個百分點，60 後群體比 50 前、50 後、70 後、80 後和 90 後群體分別高約 0.03、0.35、0.17 及 1.49 個百分點。

第二，階層間的教育不公平對總體教育不公平增長的貢獻方向及程度表現出顯著的性別、城鄉、民族、地區及年齡特徵。從總體特徵看，階層間的教育不公平對總體教育不公平增長的貢獻為正向，這意味著階層間的教育不公平對總體教育不公平增長的貢獻上升；從性別差異來看，階層間的教育不公平對男性群體內部總體教育不公平增長的貢獻為負，對女性的貢獻為正，這意味著階層間的教育不公平對男性群體內部總體教育不公平增長的貢獻下降，對女性內部貢獻上升，男女貢獻差距縮小；從城鄉差異來看，階層間的教育不公平對城市內部總體教育不公平增長的貢獻為負，對農村的貢獻為正，這意味著階層間的教育不公平對城市內部總體教育不公平增長的貢獻下降，對農村內部貢獻上升，城鄉貢獻差距縮小；從民族差異來看，階層間的教育不公平對各民族群體內部總體教育不公平增長的貢獻均為正向，且少數民族顯著於漢族，這意味著階層間的教育不公平對

各民族群體內部總體教育不公平增長的貢獻上升，且少數民族上升的速度大於漢族；從地區差異來看，階層間的教育不公平對中部和西部地區內部教育不公平增長的貢獻為正向，且西部顯著高於中部，對東部地區的貢獻為負，這意味著階層間的教育不公平對中部和西部地區內部總體教育不公平增長的貢獻上升，對東部地區的貢獻下降，且西部地區上升速度大於中部；從年齡差異來看，階層間的教育不公平對50前、50後、60後及70後各年齡群體內部總體教育不公平增長的貢獻為正向，對80後和90後群體的貢獻為負，這意味著階層間的教育不公平對50前、50後、60後及70後各年齡群體內部總體教育不公平增長的貢獻上升，對80後和90後群體的貢獻下降。

第三，各階層內部教育不公平對總體及各群體內部教育不公平的貢獻總體上表現出中層最高，下層其次，上層最低的特徵，但在城鎮、農村及漢族群體內部有差異化的表現。農村群體內部教育不公平對總體教育不公平的貢獻表現出下層最高，上層其次，中層最低的特徵；城市群體內部教育不公平對總體教育不公平的貢獻表現出上層最高，下層其次，中層最低的特徵；漢族群體內部教育不公平對總體教育不公平的貢獻表現出下層最高，上層其次，中層最低的特徵。

第四，從長期來看，下層群體教育不公平對總體及各群體內部教育不公平的貢獻大於上層及下層的特徵在各地區內部、各年齡層內部及女性內部進一步強化。

二、政策啟示

階層間教育不公平的貢獻不僅處於較高水準且其比重繼續上升，說明階層間的教育不公平程度較高，且在農村地區、少數民族地區表現得尤為突出。同時中層群體內部教育不公平問題較上層和下層群體更為突出，因此，政府應加大對階層間及各民族群體、各性別群體及各年齡層群體階層內部教育不公平問題的關注力度，從教育資源的供給和配置的雙重視角促進階層教育公平。

一方面，從教育資源供給的視角，加大教育的投入力度，特別是加大

對教育資源相對短缺的農村地區、少數民族地區居民的教育投入，提高教育經費的保障水準。同時在平衡性別間、城鄉間、民族間、地區間教育資源時，不僅要促進教育資源在不同群體間的階層均衡供給，還要重點發展農村地區、少數民族地區各群體的優質教育資源，為其提供政策、資金支持，以阻斷教育資源在階層間及各階層內部分配的供給約束，縮小階層教育差距。

另一方面，教育資源的階層配置決定了階層教育資源獲得的差別，而社保政策、勞動力市場的就業政策、生育政策等經濟、文化和社會發展政策的階層獲得差別是教育資源階層配置的核心決定因素，因此政府應通過統籌經濟、文化及社會發展政策來阻斷教育資源配置階層差異的決定因素的影響，特別是要突破城鄉及民族內部教育資源階層配置均衡的障礙，建立健全階層均衡的養老保障制度、競爭就業機制等經濟文化環境，促進階層區教育公平。

參考文獻

[1] 盧梭. 愛彌兒［M］. 成墨初, 李彥芳, 譯. 武漢：武漢大學出版社, 2014.

[2] 皮埃爾·布迪厄. 再生產：一種教育系統理論的要點［M］. 邢克超, 譯. 北京：商務印書館, 2002.

[3] 柏拉圖. 理想國［M］. 郭斌, 張竹明, 譯. 北京：商務印書館, 1986.

[4] 亞里士多德. 尼各馬科倫理學［M］. 苗力田, 譯. 北京：中國人民大學出版社, 2003.

[5] 彼得·布勞. 現代社會中的科層制［M］. 馬戎, 等譯. 上海：學林出版社, 2001.

[6] 戴維·伊斯頓. 政治體系：政治學狀況研究［M］. 馬清槐, 譯. 北京：商務印書館, 1993.

[7] 約翰·羅爾斯. 正義論［M］. 何懷宏, 等譯. 北京：中國社會科學出版社, 2014.

[8] 托爾斯頓·胡森. 平等——學校和社會政策的目標［M］. 上海：華東師範大學出版社, 2009.

[9] 托馬斯·霍布斯. 利維坦［M］. 黎思復, 黎廷弼, 譯. 北京：商務印書館, 1985.

[10] 蔡棟梁, 孟曉雨, 馬雙. 家庭背景與教育獲得的性別不平等［J］. 財經科學, 2016（10）：110-120.

[11] 郭冬生. 改革開放三十年來中國女性高等教育的發展 [J]. 中華女子學院學報, 2008, 20（1）: 17-19.

[12] 侯定凱. 高等教育社會學綱 [M]. 桂林: 廣西師範大學出版社, 2004: 31-65.

[13] 侯龍龍, 李鋒亮, 鄭勤華. 家庭背景對高等教育數量和質量獲得的影響——社會分層的視角 [J]. 高等教育研究, 2008（11）: 39-45.

[14] 李春玲. 高等教育擴張與教育機會不平等——高校擴招的平等化效應考查 [J]. 社會學研究, 2010（3）: 82-113.

[15] 李春玲. 教育不平等的年代變化趨勢（1940—2010 年）——對城鄉教育機會不平等的再考察 [J]. 社會學研究, 2014（2）: 65-89.

[16] 李春玲. 教育地位獲得的性別差異——家庭背景對男性和女性教育地位獲得的影響 [J]. 婦女研究論叢, 2009（1）: 14-18.

[17] 李靜, 趙偉. 社會性別角色獲得與民族文化系統 [J]. 西北師範大學學報（社會科學版）, 2004, 41（1）: 114-117.

[18] 李濤. 中國城鄉底層教育公正的政策研究: 基於社會分層的視角 [J]. 中國行政管理, 2013（3）: 30-34.

[19] 劉成玉, 蔡定昆. 教育公平: 內涵、標準與實現路徑 [J]. 教育與經濟, 2009（3）: 10-14.

[20] 劉精明. 高等教育機會擴展與入學機會差異 [J]. 2006, 26（3）: 158-179.

[21] 劉精明. 轉型時期中國社會教育 [M]. 瀋陽: 遼寧教育出版社, 2004: 246.

[22] 陸根書. 高等教育機會均等與社會平等: 高等教育擴展的影響 [J]. 高等教育研究, 1999（4）: 50-55.

[23] 陸璟. 上海基礎教育公平的實證研究 [J]. 教育研究, 2013（2）: 77-84.

[24] 駱徽. 中國高等教育公平指標體系研究——基於 CIPP 評價模式的視角 [J]. 教育發展研究, 2012（21）: 59-64.

[25] 呂普生. 權利平等、機會均等與分擔公正——教育公平的三個維度及其內在邏輯 [J]. 華中科技大學學報（社會科學版）, 2013（6）: 58-

64.

[26] 任媛, 邰秀軍. 基於基尼系數的中國農村居民收入的區域差異與分解 [J]. 經濟體制改革, 2016 (1): 70-76.

[27] 孫百才, 劉雲鵬. 中國地區間與性別間的教育公平測度: 2002—2012 年——基於人口受教育年限的基尼系數分析 [J]. 清華大學教育研究, 2014 (3): 87-95.

[28] 孫百才. 改革開放三十年來中國地區間教育發展的收斂性檢驗 [J]. 清華大學教育研究, 2008 (12): 14-18.

[29] 孫陽. 中國教育公平指標體系研究之探討 [J]. 教育研究, 2013 (10): 111-120.

[30] 湯林春. 上海小學教育均衡發展程度的研究——基於綜合教育基尼系數的方法 [J]. 教育發展研究, 2013 (2): 31-35.

[31] 田一. 義務教育結果公平現狀及趨勢的實證研究——基於北京市2011—2014年大規模學業質量監測 [J]. 教育科學研究, 2016 (10): 43-49.

[32] 田志磊, 袁連生, 張雪. 地區間城鄉義務教育公平差異研究 [J]. 教育與經濟, 2011 (2): 43-48.

[33] 王善邁, 杜育紅, 劉遠新. 中國教育發展不平衡的實證分析 [J]. 教育研究, 1998 (6): 19-23.

[34] 王善邁. 教育公平的分析框架和評價指標 [J]. 北京師範大學學報 (社會科學版), 2008 (3): 93-97.

[35] 王偉宜, 李潔. 高等教育入學機會性別差異的多維分析 [J]. 教育研究, 2015 (8): 54-60.

[36] 王小魯, 樊綱. 中國收入差距的走勢和影響因素分析 [J]. 經濟研究, 2005 (10): 24-36.

[37] 王學男, 李五一. 建國以來中國教育公平問題的回顧與反思——兼談對教育本質是追求抑或遮蔽 [J]. 北京大學教育評論, 2015 (4): 177-183.

[38] 衛麗紅. 教育公平與家庭背景、性別、地區差異——基於CGSS2013的調

查數據 [J]. 東北農業大學學報 (社會科學版), 2016, 14 (5): 30-34.

[39] 魏後凱, 楊大利. 地方分權與中國地區教育差異 [J]. 中國社會科學, 1997 (1): 98-112.

[40] 文東茅. 家庭背景對中國高等教育機會及畢業生就業的影響 [J]. 北京大學教育評論, 2005 (3): 58-63.

[41] 文軍, 顧楚丹. 基礎教育資源分配的城鄉差異及其社會後果——基於中國教育統計數據的分析 [J]. 華東師範大學學報 (教育科學版), 2017, 35 (2): 33-42.

[42] 文曉國. 中國教育發展與教育平等的城鄉考察——基於最近三次人口普查資料的實證研 [J]. 教育與經濟, 2016 (3): 29-36.

[43] 吳春霞, 宋偉琦. 階層差距與義務教育資源配置失衡問題研究——基於對北京市幾所初中的調查 [J]. 教育科學, 2009, 25 (1): 1-5.

[44] 吳德剛. 中國教育發展地區差距研究——教育發展不平衡性問題研究 [J]. 教育研究, 1999 (7): 22-26.

[45] 吳方衛, 張錦華. 教育平等的地區分化與地區分化下的教育平等 [J]. 財經研究, 2005 (6): 5-15.

[46] 吳全華. 教育結果公平的內涵及其衍生規定 [J]. 教育理論與實踐, 2008 (9): 19-22.

[47] 吳岩. 追求基於結果的公平: 英國教育公平與均衡政策分析 [J]. 比較教育研究, 2014 (3): 80-85.

[48] 吳愈曉. 中國城鄉居民的教育機會不平等及其演變 (1978—2008 年) [J]. 中國社會科學, 2013 (3): 4-21.

[49] 吳愈曉. 中國城鄉居民教育獲得的性別差異研究 [J]. 社會, 2012, 32 (4): 112-137.

[50] 謝作栩. 閩、湘、川 3 省社會階層高等教育機會差異的初步調查 [J]. 教育與經濟, 2004 (3): 3-6.

[51] 辛濤, 黃寧. 教育公平的終極目標: 教育結果公平——對教育結果公平的重新定義 [J]. 教育研究, 2009 (8): 24-27.

[52] 辛濤. 教育結果公平的測量及其對基礎教育發展的啟示 [J]. 清華大

學教育研究, 2010 (4): 21-26.

[53] 楊東平. 從權利平等到機會均等——新中國教育公平的軌跡 [J]. 北京大學教育評論, 2006, 4 (2): 2-11.

[54] 楊東平. 中國教育公平評價指標初探 [J]. 教育研究, 2003 (11): 30-33.

[55] 楊東平. 中國教育公平的理想與現實 [M]. 北京: 北京大學出版社, 2006: 221-239.

[56] 楊俊, 李雪松. 教育不平等、人力資本累積與經濟增長: 基於中國的實證研究 [J]. 數量經濟技術經濟研究, 2007, 24 (2): 37-45.

[57] 葉華, 吳曉剛. 生育率下降與中國男女教育的平等化趨勢 [J]. 社會學研究, 2011, 155 (5): 153-177.

[58] 餘小波. 當前中國社會分層與高等教育機會探析一對某所高校2000級學生的實證研究 [J]. 現代大學教育, 2002 (2): 7-44.

[59] 岳昌君, 楊中超. 中國高校畢業生的就業結果及其影響因素研究——基於2011年全國高校抽樣調查數據的實證分析 [J]. 高等教育研究, 2012 (4): 35-44.

[60] 岳昌君. 經濟發展水準的地區差異對教育資源配置的影響 [J]. 教育與經濟, 2003 (1): 35-41.

[61] 翟博, 孫百才. 中國基礎教育均衡發展實證研究報告 [J]. 教育研究, 2012 (5): 22-30.

[62] 翟博. 教育均衡發展: 理論、指標及測算方法 [J]. 教育研究, 2006 (3): 16-28.

[63] 翟博. 中國基礎教育均衡發展的實證分析 [J]. 教育研究, 2007 (7): 22-30.

[64] 張丹, 範國睿. 課堂教學場域中教師關注的性別差異研究——以上海小學課堂為例 [J]. 教育研究, 2014 (4): 122-128.

[65] 張航空, 姬飛霞. 中國教育公平實證研究: 1982—2010年——基於教育基尼系數拆解法的分析 [J]. 教育科學, 2013, 29 (6): 1-6.

[66] 張菀洺. 中國教育資源配置分析及政策選擇——基於教育基尼系數的

测算 [J]. 中國人民大學學報, 2013, 27 (4): 89-97.

[67] 張長徵. 中國教育公平程度實證研究: 1978—2004 年——基於教育基尼系數的測算與分析 [J]. 清華大學教育研究, 2006 (4): 10-14.

[68] 鄭磊, 張鼎權. 中國教育性別差異的經濟學研究評述 [J]. 婦女研究論叢, 2013 (2): 112-119.

[69] 鄭若玲. 高等教育與社會的關係——側重分析高等教育與社會分層之互動 [J]. 現代大學教育, 2003 (2): 21-25.

[70] 周春梅. 家庭資本、社會分層與高等教育公平感——基於福建省六所高等院校的實證調查 [J]. 集美大學學報, 2013 (3): 54-59.

[71] 朱新卓, 石俊華, 董智慧. 家庭背景對大學生擔任學生會幹部的影響 [J]. 高等教育研究, 2013 (4): 67-74.

[72] 祝梅娟. 中國省際間教育投入公平狀況的實證研究 [J]. 經濟問題探索, 2003 (2): 121-124

[73] ADLER. M. J. The Paideia proposal: an educational manifesto [M]. London: Macmillan, 1982.

[74] BOWLES S, H GINTIS. Schooling in Capitalist America: Educational Reform and the Contradictions of Economic Life [M]. New York: Basic Books, 1976.

[75] HERSKOVITS M J. Cultural Anthropology: An Abridged Revision of Man and His Works [M]. New York: Alefred A. Knopf Inc, 1955.

[76] WEBER M. Economy and Society: An Outline of Interpretive Sociology [M]. California: UC Press, 1978.

[77] BAUER J, F WANG, NE. RILEY, et al. Gender Inequality in Urban China: Education and Employment [J]. Modern China, 1992, 18 (3): 333-370.

[78] BECKER G S, B R CHISWICK. Education and the Distribution of Earnings [J]. American Economic Review, 1966, 56 (1/2): 358-369.

[79] BIRDSALL N, J L LONDONO. Asset Inequality Matters: An Assessment of World Bank's Approach to Poverty Reduction [J]. American Economic

Review, 1997, 87 (2): 32-37.

[80] BROOKS C, C BOLZENDAHL. The transformation of US gender role attitudes: Cohort replacement, social-structural change, and ideological learning [J]. Social Science Research, 2004, 33 (1): 106-133.

[81] COLEMAN J S. Equality and Achievement in Education [J]. British Journal of Educational Studies, 1993, 41 (4): 438.

[82] DURKHEIM E. Suicide: A Study in Sociology [J]. American Journal of Sociology, 1951, 57 (1): 565.

[83] HANNUM E, X YU. Trends in Educational Gender Inequality in China: 1949—1985 [J]. Research in Social Stratification and Mobility, 1994, 13: 73-98.

[84] HANNUM E. Market Transition, Educational Disparities, and Family Strategies in Rural China: New Evidence on Gender Stratification and Development [J]. Demography, 2005, 42 (2): 275.

[85] KANT I, H J PATON. Groundwork of the metaphysic of morals [J]. New: Harper & Row, 1964.

[86] KUZNETS S S. Economic Growth and Income Inequality [J]. The American Economic Review, 1955, 45 (1): 1-28.

[87] LOCKE J. Essay concerning human understanding [J]. New: American library, 1974.

[88] LOPEZ R, V. THOMAS. Addressing the Education Puzzle: the Distribution of Education and Economic Reform [J]. 1998: 100.

[89] MAAS J, C CRIEL. Distribution of Primary School Enrollments in Eastern Africa [J]. 1982: 511.

[90] MARE R D. Change and Stability in Educational Stratification [J]. American Sociological Review, 1981, 46 (1): 72-87.

[91] O'NEILL D. Education and Income Growth: Implications for Cross-country Inequality [J]. Journal of Political Economy, 1995, 103 (6): 1289-1301.

[92] PARK H P. Educational expansion and educational inequality on income distribution [J]. Economics of Education Review, 1996, 15 (1): 51-58.

[93] PARSONS T. Equality and Inequality in Modern Society, or Social Stratification Revisited [J]. Sociological Inquiry, 1970, 40 (2): 13-72.

[94] PARSONS T. The social system [J]. American Journal of Sociology, 1952, 58 (1): 499-502.

[95] RAM R. Educational Expansion and Schooling Inequality: International Evidence and Some Implications [J]. Review of Economics and Statistics, 1990, 72 (2): 266-274.

[96] RAO V M. Two Decompositions of Concentration Ratio [J]. Journal of the Royal Statistical Society, 1969, 132 (3): 418-425.

[97] SCHULTZ T W. Investment in Human Capital [J]. The American Economic Review, 1961, 51 (1): 1-17.

[98] SEN A. Poverty: An Ordinal Approach to Measurement [J]. Econometrica, 1976, 44 (2): 219-231.

[99] SHERET M. Equality Trends and Comparisons for the Education System of Papua New Guinea [J]. Studies in Educational Evaluation, 1988, 14 (1): 91-112.

[100] SPENCER H. The principles of Sociology [J]. American Journal of Sociology, 1920, 26 (1): 139-154.

[101] THOMAS V, F WANG. Measuring Education Inequality: Gini Coefficients of Education for 140 Countries, 1960—2000 [J]. Journal of Educational Planning and Administration, 2003, 14 (1): 5-33.

[102] TINBERGEN J. Income Distribution over Educational Levels: A Simple Model [J]. Academic Achievement, 1972 (9): 14.

[103] TREIMAN D J. Industrialization and Social Stratification [J]. Sociological Inquiry, 2007, 40 (2): 207-234.

[104] WINEGARDEN C R. Schooling and Income Distribution: Evidence from

International Data [J]. Economica, 1979, 46 (181): 83-87.

[105] YAO S. On the Decomposition of Gini Coefficients by Population Class and Income Source: A Spreadsheet Approach and Application [J]. Applied Economics, 1999, 31 (10): 1249-1264.

[106] YOUNG M F D. Knowledge and Control: New Directions for the Sociology of Education [J]. British Journal of Sociology, 1972, 20 (2).

[107] ZHANG J, T Li. International Inequality and Convergence in Educational Attainment, 1960—1990 [J]. Review of Development Economics, 2002, 6 (3): 383-392.

後　記

　　本書是本人從事教育公平問題研究的總結。開展本項研究的起因是筆者試圖從多維度的視角對中國教育公平的狀況進行科學的評估，以明晰中國教育公平的現實狀況及發展趨勢，為中國推進教育公平提供理論參考和政策建議。

　　在書稿付印之際，向在研究過程中給予過支持和幫助的相關單位和人士致以誠摯的謝意。特別感謝學出版社的李老師和何老師給予的幫助。

吳振華

國家圖書館出版品預行編目（CIP）資料

中國教育公平的測度：基於多維視角 / 吳振華 著. -- 第一版.
-- 臺北市：財經錢線文化, 2019.10
　　面；　公分
POD版

ISBN 978-957-680-370-3(平裝)

1.教育政策 2.教育制度 3.中國

526.192　　　108016513

書　　名：中國教育公平的測度：基於多維視角
作　　者：吳振華 著
發 行 人：黃振庭
出 版 者：財經錢線文化事業有限公司
發 行 者：財經錢線文化事業有限公司
E - m a i l：sonbookservice@gmail.com
粉 絲 頁：　　　　網　址：
地　　址：台北市中正區重慶南路一段六十一號八樓 815 室
8F.-815, No.61, Sec. 1, Chongqing S. Rd., Zhongzheng Dist., Taipei City 100, Taiwan (R.O.C.)
電　　話：(02)2370-3310　傳　真：(02) 2370-3210
總 經 銷：紅螞蟻圖書有限公司
地　　址：台北市內湖區舊宗路二段 121 巷 19 號
電　　話：02-2795-3656 傳真：02-2795-4100　網址：
印　　刷：京峯彩色印刷有限公司（京峰數位）

本書版權為西南財經出版社所有授權崧博出版事業股份有限公司獨家發行電子書及繁體書繁體字版。若有其他相關權利及授權需求請與本公司聯繫。

定　　價：350元
發行日期：2019 年 10 月第一版

◎ 本書以 POD 印製發行